Fast & Food

★★★★★

Sind Sie mit diesem Titel zufrieden? Dann würden wir uns über Ihre Weiterempfehlung freuen. Erzählen Sie es im Freundeskreis, berichten Sie Ihrem Buchhändler oder bewerten Sie beim Onlinekauf. Und wenn Sie Kritik, Korrekturen, Aktualisierungen haben, freuen wir uns über Ihre Nachricht an:

Christian Verlag
Postfach 40 02 09
D-80702 München
oder per E-Mail an: lektorat@verlagshaus.de.

Unser Verlagsprogramm finden Sie unter www.christian-verlag.de

Produktmanagement: Annemarie Heinel
Textredaktion: Carmen Söntgerath
Korrektur: Regina Jooß
Layout und Satz: Heike Gürtler, Gürtler Design
Umschlaggestaltung: Caroline Daphne Georgiadis, Daphne Design, unter Verwendung eines Fotos von Rafael Pranschke
Repro: Repro Ludwig, Zell am See
Herstellung: Bettina Schippel

Text und Rezepte: Rafael Pranschke
Fotografie: Rafael Pranschke
Foodstyling: www.foodatelier.de
Besten Dank an Anna und Ruth für den großartigen Einsatz.

Printed in Slovenia by Korotan

Alle Angaben in diesem Werk wurden vom Autor sorgfältig recherchiert und auf den aktuellen Stand gebracht sowie vom Verlag geprüft. Für die Richtigkeit der Angaben kann jedoch keinerlei Haftung übernommen werden.

Die Deutsche Nationalbibliothek verzeichnet diese Publikation in der Deutschen Nationalbibliografie; detaillierte bibliografische Daten sind im Internet über http://dnb.d-nb.de abrufbar.

© 2014 Christian Verlag GmbH, München

Alle Rechte vorbehalten.

ISBN 978-3-86244-346-8

Meine Empfehlung
Sind Sie auf den Geschmack gekommen? Dann würde ich Ihnen gerne folgendes Buch empfehlen:
»Getreide & Korn. Das Kochbuch
Küchenpraxis – 150 Rezepte – Warenkunde«
Ihr Rafael Pranschke

Fast & Food

100 kreative Rezepte

Inhalt

Vorwort 7

Schnell, einfach und unheimlich gut 8

Fast & Classic 11
Fast-Food-Klassiker, neu interpretiert

Fast & Veggie 47
Vegetarische Highlights

Fast & International
Auf allen Kontinenten zu Hause

77

Fast & Small
Der kleine Imbiss aus der eigenen Küche

107

Fast & Sweet
Frische Fitmacher und schokoladiges Vergnügen

137

Register

158

Vorwort

Intelligente Küche »to go« ist auf dem Vormarsch – leckere Gerichte, die nicht viel Arbeit machen, ideal zum Mitnehmen, aber auch genau das Richtige für ein schnelles Essen zu Hause.

Wir wollen hier beweisen, dass Fast Food gesund und fantasievoll sein kann, und vor allem: hausgemacht. Die Gerichte bestehen aus wenigen Zutaten, die meist problemlos zu bekommen sind. Der Zeitaufwand ist stets überschaubar – und das Ergebnis trotzdem immer beeindruckend.

Die Fast-Food-Küche schöpft ihre Inspirationen aus der Tradition der Bistros und Bodegas, der Bars und der Straßenküchen Asiens. Das Fundament dieser genussvollen Reise bilden neu interpretierte Klassiker, hinzu kommen vegetarische Highlights, Meilensteine der Street-Food-Kultur und natürlich darf auch etwas Süßes nicht fehlen.

Einleitung

Schnell, einfach und unheimlich gut

Fast Food ist aus unserem Leben nicht mehr wegzudenken. Dabei existiert es noch gar nicht so lange. Das Konzept stammt – natürlich – aus Amerika. Dort entstanden um 1950 die ersten Drive-in-Restaurants, die sich sofort großer Beliebtheit erfreuten. Die Grundlage für diese Art von Gastronomie ist die Beschränkung auf wenige populäre Gerichte, die sich gut vorbereiten lassen. Nur so ist garantiert, dass der Gast wenige Minuten nach der Bestellung schon sein Essen auf dem Teller oder in der Tüte hat.

Inzwischen hat Fast Food viele Inspirationen aus anderen Ländern aufgenommen, asiatisches Street Food steht dabei sicher an erster Stelle. Fliegende Händler verkaufen dort Köstlichkeiten aus ihren Garküchen heraus. Gekocht wird mit bescheidensten Mitteln auf engstem Raum, gegessen wird meist buchstäblich auf der Straße. Es ist eine unverfälschte Esskultur, in der die ausgefeilte Präsentation von Speisen oder ambitionierte Tischkultur keine große Rolle spielen.

So hat sich in Sachen Fast Food in kurzer Zeit viel bewegt. Die Vielfalt und Abwechslung bei den Zutaten ist enorm und es gibt schnelles Essen für jeden Geldbeutel und jede Gelegenheit. Nicht nur ein bestimmter Lebensstil, auch veränderte Einkaufsmöglichkeiten tragen dazu bei, dass immer mehr Menschen zu Fast Food greifen und der Markt unablässig wächst.

Schnelles Essen für unkomplizierten Genuss in entspannter Atmosphäre – das kann man natürlich auch selbst machen. Dieses Buch zeigt Ihnen, wie es geht. Auch wer nicht stundenlang in der Küche stehen will, muss auf gutes Essen nicht verzichten. Ob zu Hause, bei der Arbeit, beim Meeting oder abends auf einer Party – hausgemachtes Fast Food findet überall Anklang und erobert rasch eine wachsende Fangemeinde.

Einleitung

Denn Fast Food von heute ist unschlagbar für viele Anlässe. Es wird schnell und mit wenig Aufwand zubereitet und ohne viel Aufsehen und Umstände serviert. Es gibt keine Tischordnung, keine Platzkärtchen, keine Regeln fürs Servieren. Gegessen wird im Stehen, im Gehen, auf der Wiese im Park, am Schreibtisch oder gemütlich zu Hause auf dem Sofa. Es geht um schnellen Genuss in stressigen Zeiten.

Dieses Buch versammelt ein großes Angebot an klassischen Fast-Food-Rezepten und modernen Kreationen. Für jeden Anlass gibt es passende, unkomplizierte Gerichte, die trotzdem etwas hermachen: herzhafte Burger mit bunten Toppings, edle Sandwiches, vegetarische Neuheiten, ausgefallene leichte Snacks und eiskalte süße Naschereien – allesamt zubereitet in weniger als 60 Minuten.

Die Liebhaber von Fast Food kommen hier auf ihre Kosten und für jeden Geschmack ist etwas dabei. Die meisten Gerichte kommen mit wenigen Zutaten aus und schonen auch den Geldbeutel. Alle Rezepte sind auf das Wesentliche reduziert und gut verständlich. Für ein perfektes Gelingen hier noch einige Küchentipps.

Einkauf

Viele der verwendeten Zutaten sind in jedem Vorratsschrank vorhanden. Produkte mit langer Haltbarkeit, wie Nudeln, Reis oder Linsen, besorgen Sie am besten schon einige Tage im Voraus, das entzerrt den Einkauf und vereinfacht die Vorbereitung.

Spezialzutaten sind – je nach Wohnort – mitunter schwieriger zu besorgen. Oft lohnt sich die Suche im Bioladen oder auch bei türkischen und asiatischen Lebensmittelhändlern. Und was man dort nicht findet, ist in der Regel über das Internet zu beziehen. Dort kann man in Ruhe Preise vergleichen und erspart sich dabei lange Wege im Stadtverkehr. Alle frischen Produkte werden am Tag der Zubereitung eingekauft und in diesem Fall heißt es »buy local«.

Bei den frischen Zutaten gilt es, einige Regeln zu beachten: Hackfleisch für Burger und Köfte sollte am besten frisch vor Ihren Augen durch den Fleischwolf gedreht und innerhalb kurzer Zeit verarbeitet werden. Der Einkauf von Fisch ist Vertrauenssache. Suchen Sie Ihren Händler sorgfältig aus und bestellen Sie die Ware zum Abholtag, so vermeiden Sie unnötige Lagerzeiten. Inspizieren Sie ihren Fischein-

Einleitung

kauf genau, wichtige Frischemerkmale sind klare Augen, guter Geruch, dunkelrote Kiemen, eine klare Schleim-haut, die noch am Fisch haftet und ein festes Fleisch, das beim Fingerdruck keine Dellen bildet. Transportieren Sie den Fisch in einer Tüte mit zerstoßenem Eis, um die Kühlkette bis zur Verarbeitung zu garantieren.

Kaufen Sie frisches Gemüse immer saisonal ein. Auch wenn zum Beispiel grüner Spargel mittlerweile bei manchen Händlern ganzjährig angeboten wird, ist die Qualität nicht vergleichbar mit der Ware aus den Monaten der Hochsaison. Zeigen Sie Flexibilität beim Einkauf: Sollte ein bestimmtes Gemüse oder ein spezieller Salat nicht in tadelloser Qualität zu finden sein, greifen Sie einfach zu einer anderen Sorte. Viele Rezepte funktionieren mit ähnlichen Zutaten genauso gut. Also nur Mut, ein Apfel kann schon mal eine Birne ersetzen und die Petersilienwurzel kommt zum Beispiel der Pastinake geschmacklich ziemlich nahe.

Planung und Zubereitung

Auch Fast Food erfordert sorgfältige Zubereitung. Eine solide Grundausstattung von Töpfen, Pfannen und Messern sollte in der Küche vorhanden sein. Kleine Schüsseln, Bretter, Hobel, Sparschäler, Schneebesen und Pfannenwender gehören auch dazu, ein elektrisches Handrührgerät erleichtert viele Arbeiten.

Zur Planung gehört die richtige Auswahl von Rezepten für einen bestimmten Anlass. Stellen Sie im Vorfeld Überlegungen an, welche Speisen besonders passend sind. Für ein Picknick im Grünen sind viele Snacks und Speisen geeignet, die in kaltem Zustand verzehrt werden können, aufwendigere

Einleitung

Burger-Variationen und heiße Suppen sind hier nicht angemessen. Bei der Rezeptauswahl sollten natürlich auch saisonale Aspekte berücksichtigt werden.

Die Rezepte sind in der Zubereitung unkompliziert und erfordern weder große Kochkenntnisse noch beträchtlichen Zeitaufwand. Ein Tipp: Arbeitsabläufe, die etwas länger dauern, wie etwa das Einfrieren von Eisspeisen oder die Zubereitung von Semmelknödeln, am besten etwas im Voraus ausführen, so entzerren Sie den Kochprozess und haben weniger Hektik in der Küche. Schäl- und Schneidearbeiten sollten immer nacheinander ausgeführt werden. Also zuerst alle Gemüse schälen und anschließend schneiden. Das Fließbandprinzip spart Zeit und erleichtert den Ablauf.

Fast Food kommt oft ganz ohne Besteck aus und wird mit den Fingern gegessen, deshalb sollten reichlich Papierservietten und Papptrays zur Verfügung stehen. Eine schöne Idee zum Servieren sind natürliche Behälter. Ein ausgehöhltes Brot etwa eignet sich gleichermaßen für Suppen und Salate – und am Ende wird es einfach aufgegessen. Wenn Sie Holzstäbchen für Grillspieße verwenden, legen Sie diese 12 Stunden vorher in Wasser ein, damit sie beim Braten oder Grillen nicht anbrennen und das Aroma der Speisen verfälschen.

Ein bisschen gute Vorbereitung in der Küche erleichtert die Arbeit enorm und Spaß beim Kochen ist garantiert.

Fast & Classic

Fast-Food-Klassiker, neu interpretiert

Dieses Kapitel bestreiten Burger und Pizza, Bratwurst und Hot Dogs, Fischbrötchen und Chicken Wings – aber Sie werden die populären Klassiker kaum wiedererkennen. Mit viel Einfallsreichtum und frischen Ideen wurden hier die vertrauten Zutaten raffiniert kombiniert und vollkommen neu in Szene gesetzt. Fast Food für eine neue Generation – genießen Sie den Unterschied.

Fast & Classic

Inside-Out-Burger

Rinderfilet mit Parmesanciabatta, Zwiebelrelish und Shiso-Kresse erfreut das Genießerherz.

Für 4 Personen
Zubereitung: 30 Minuten

Zutaten

200 g rote Zwiebeln
10 g Butter
50 g Zucker
150 ml Rotwein
800 g Rinderfilet (möglichst aus der Mitte)
2 EL Rapsöl
1 Ei
50 ml Milch
30 g Parmesan, fein gerieben
4 Scheiben Ciabatta oder Baguette
Mehl zum Wenden
3 EL Olivenöl
4 Zweige Thymian
1 Schale Shiso-Kresse
Salz
frisch gemahlener Pfeffer

Für das Relish die Zwiebeln schälen, würfeln und in Butter anschwitzen. Mit dem Zucker bestreuen und karamellisieren. Nach 3 Minuten mit Rotwein ablöschen und 7–10 Minuten köcheln lassen, bis der Wein verkocht ist. Das Relish mit Salz und frisch gemahlenem Pfeffer würzen.

Den Backofen auf 150 °C vorheizen. Das Rinderfilet in vier Scheiben schneiden und salzen. Das Fleisch in Rapsöl von jeder Seite 2 Minuten scharf anbraten. Mit Pfeffer würzen und in 12 Minuten auf mittlerer Schiene im Backofen fertig garen.

Ei, Milch und Parmesan in einer Schüssel verquirlen. Die Brotscheiben in Mehl wenden, dann in die Eimasse tauchen. Anschließend in heißem Olivenöl braten. Nach 2 Minuten wenden, abgezupften Thymian zufügen und fertig braten. Auf Küchenpapier abtropfen lassen.

Die Rinderfiletscheiben waagerecht halbieren, mit etwas Zwiebelrelish bestreichen und mit einer Scheibe Ciabatta in der Mitte aufstapeln. Mit einem Holzspieß fixieren und mit Kresseblättchen bestreut servieren.

Chicken-Burger mit Cornflakes

Raffiniert kombiniert mit Apfel und Currysauce

Für 4 Personen
Zubereitung: 45 Minuten

Zutaten

4 Hähnchenbrustfilets (600 g)
1 Ei
Mehl zum Wenden
100 g Cornflakes
8 EL Rapsöl
1 Apfel
10 g Butter
10 g Zucker
40 ml Portwein
100 g saure Sahne
50 g Mayonnaise
1 EL Currypulver
1 EL Sojaöl
2 TL brauner Zucker
Saft von 1 Limette
50 g Wildkräutersalat
4 Baguettebrötchen
Salz
frisch gemahlener Pfeffer

❙ Den Backofen auf 150 °C vorheizen. Die Hähnchenbrustfilets waagerecht halbieren, mit Salz und Pfeffer würzen. Das Ei verquirlen. Die Hähnchenstücke zuerst in Mehl wenden, dann in das verquirlte Ei tauchen und mit den Cornflakes panieren. Die panierten Fleischstücke in 6 EL Rapsöl bei mittlerer Temperatur 4 Minuten von jeder Seite anbraten. Aus der Pfanne nehmen und im Ofen in 7 Minuten fertig garen.

❙ Den Apfel in schmale Spalten schneiden, im restlichen Rapsöl und der Butter anschwitzen, mit dem Zucker bestreuen, karamellisieren und mit dem Portwein ablöschen. Portwein einkochen lassen, dann die Apfelstücke aus der Pfanne nehmen.

❙ Saure Sahne und Mayonnaise verrühren. Currypulver in Sojaöl anschwitzen, bis es duftet, vom Herd nehmen und auskühlen lassen. Currymischung, Zucker und Limettensaft zu der Mayonnaisemischung geben und glatt rühren. Mit Salz und Pfeffer abschmecken.

❙ Salat waschen und trocken schleudern. Baguettebrötchen aufschneiden, die untere Hälfte mit der Currycreme bestreichen, mit Salat belegen. Apfelspalten und aufgeschnittene Hähnchenbrust darauf verteilen, mit der oberen Brötchenhälfte bedecken.

Fast & Classic

Mini-Burger mit Gemüseremoulade

Klein, aber groß im Geschmack

Für 4 Personen
Zubereitung: 45 Minuten

Zutaten

1 Zwiebel
300 g Rinderhackfleisch
1 EL Semmelbrösel
1 EL Dijonsenf
2 EL Worcestersauce
3 EL Tomatenmark
3 EL Rapsöl
100 g Mayonnaise
50 g saure Sahne
2 Gewürzgurken
80 g Karotte
80 g Sellerie
1 EL Olivenöl
1 EL Gurkenwasser
10 Scheiben Sandwichtoast
einige Blätter Lollo Bianco
Salz
frisch gemahlener Pfeffer

Die Zwiebel schälen und fein würfeln. Rinderhack mit Semmelbröseln, Dijonsenf, Worcestersauce, Tomatenmark und Zwiebeln vermischen, salzen und pfeffern. Mit feuchten Händen aus der Masse 20 kleine Kugeln formen und leicht flach drücken. Die Fleischpatties in Rapsöl von jeder Seite 3 Minuten braten.

Mayonnaise und saure Sahne verrühren. Gewürzgurken fein würfeln. Karotte und Sellerie schälen und mit der Zucchini ebenfalls fein würfeln. Zuerst Karotte und Sellerie in Olivenöl 2 Minuten braten, anschließend die Zucchini 1 Minute mitgaren. Aus der Pfanne nehmen und auskühlen lassen. Gemüsewürfel unter die Mayonnaise heben, mit Gurkenwasser, Salz und frisch gemahlenem Pfeffer abschmecken.

Toastscheiben rösten. Mit einem runden Keksausstecher 20 Scheiben von 5 cm Durchmesser ausstechen. Lollo Bianco waschen und in Stücke zupfen. Jeweils etwas Salat, eine Minifrikadelle und etwas Gemüseremoulade zwischen zwei Toastscheiben packen und mit einem Holzspieß fixieren.

Tipp: Kleiner Aufwand – große Wirkung: Lauchkringel eignen sich wunderbar als Garnierung.

Fast & Classic

Tex-Mex-Burger

Jalapeños, Nachos und Guacamole sorgen für eine raffinierte Überraschung.

Für 4 Personen
Zubereitung: 30 Minuten

Zutaten

2 Zwiebeln
800 g Rinderhackfleisch
50 g Maiskörner
2 EL Tomatenmark
1 Avocado
Saft von 1 Limette
½ TL Cayennepfeffer
4 Burgerbrötchen
2 EL eingelegte Jalapeño-Chilis
50 g Nachos
Salz
frisch gemahlener Pfeffer

- Die Zwiebeln schälen und fein würfeln. Rinderhack mit Zwiebeln, Maiskörnern und Tomatenmark vermengen und gut durchkneten, mit Salz und Pfeffer würzen. Aus der Masse mit feuchten Händen vier Burger formen. In der Mitte etwas flach drücken und auf dem vorgeheizten Grill behutsam von jeder Seite 6–8 Minuten grillen.

- Die Avocado halbieren, den Kern entfernen und das Fruchtfleisch mit einem Löffel aus der Schale kratzen. Fruchtfleisch mit Limettensaft beträufeln und mit einer Gabel zerdrücken. Mit Salz und Cayennepfeffer abschmecken.

- Die Brötchen aufschneiden und auf der Schnittfläche 1 Minute grillen, mit der Guacamole bestreichen, jeweils einen Burger darauflegen, mit Jalapeños und Nachos zudecken und servieren.

Fast & Classic

Kalbsinvoltini auf Kartoffel-Sellerie-Creme

Für 4 Personen
Zubereitung: 25 Minuten

Zutaten

4 Kalbsschnitzel
100 g grüner Spargel
100 g Karotten
250 g mehlig kochende Kartoffeln
250 g Knollensellerie
20 g Butter
50 ml Milch
3 EL Rapsöl
Schnittlauch zum Garnieren
Salz
frisch gemahlener Pfeffer
Muskat

▍ Die Kalbsschnitzel zwischen zwei Bögen Frischhaltefolie mit dem Plattiereisen flach klopfen. Mit Salz und Pfeffer würzen. Spargel und Karotten schälen, in 5 cm lange Stifte schneiden und in Salzwasser bissfest blanchieren. Jedes Schnitzel mit einigen Spargel- und Karottenstiften belegen und aufrollen, mit Zahnstochern fixieren.

▍ Kartoffeln und Sellerie schälen, in grobe Würfel schneiden und in Salzwasser garen. Das Kochwasser abgießen, Kartoffeln und Sellerie pürieren, mit Butter und Milch glatt rühren, mit Salz, Pfeffer und Muskat abschmecken.

▍ Die Involtini in einer beschichteten Pfanne in Rapsöl braten. Die Kalbsröllchen mit dem Püree anrichten und mit Schnittlauch bestreut servieren.

Gegrilltes Kalbskotelett mit Kaffeegewürz und Orangensenf

Für 4 Personen
Zubereitung: 30 Minuten

Zutaten

1 EL Instantkaffee
1 TL Salz
1 TL Paprikapulver
1 TL Cayennepfeffer
4 Kalbskoteletts
100 g Senf
50 g Orangenmarmelade
2 EL Currypulver

▍ Den Instantkaffee im Mörser fein zerstoßen. Salz, Paprikapulver und Cayennepfeffer unterrühren. Die Kalbskoteletts mit der Gewürzmischung einreiben und auf dem vorgeheizten Grill von jeder Seite 5–7 Minuten garen.

▍ Senf mit Marmelade und Currypulver verrühren und zu den gegrillten Koteletts reichen.

Fast & Classic

Bratwurstsalat im Brot

Für 4 Personen
Zubereitung: 40 Minuten

Zutaten

100 g Keniabohnen
100 g Zuckerschoten
80 g Kidneybohnen aus der Dose
100 g Champignons
2 EL Rapsöl
80 g Gewürzgurke
250 g Bratwurst
1 EL Butterschmalz
2 Zweige Rosmarin
120 g Emmentaler
5 EL Olivenöl
4 EL Weißweinessig
1 EL Honig
1 rundes Brot (Durchmesser 15–20 cm)
Salz
frisch gemahlener Pfeffer

▌ Bohnen und Zuckerschoten waschen und putzen, dann halbieren und in kochendem Salzwasser blanchieren. Die Kidneybohnen in einem Sieb abtropfen lassen. Champignons putzen, halbieren und in Rapsöl goldbraun braten, mit Salz und Pfeffer würzen. Gewürzgurke in Scheiben schneiden. Die Bratwurst in 3 cm lange Stücke teilen und in Butterschmalz mit Rosmarin knusprig braten.

▌ Emmentaler in Würfel mit 2 cm Kantenlänge schneiden. Alle Zutaten in einer Schüssel mit Olivenöl, Essig und Honig durchheben, mit Salz und Pfeffer abschmecken.

▌ Von dem Brotlaib einen Deckel abschneiden, dann den größten Teil der Krume entfernen, sodass eine Brotschüssel entsteht. Den Salat hineinfüllen und servieren.

Asia-Salat mit Granatapfel

Für 4 Personen
Zubereitung: 50 Minuten

Zutaten

300 g Schweinefilet
250 g rote Paprikaschoten
250 g grüne Paprikaschoten
300 g Karotten
3 EL Rapsöl
2 EL Zucker
4 EL Sojasoße
Sesam
1–2 kleine Chilischoten, gehackt
½ Granatapfel

▌ Das Fleisch in Streifen schneiden. Paprikaschoten waschen, von Samen und Scheidewänden befreien und ebenfalls in dünne Streifen schneiden. Karotten schälen, in Stifte schneiden.

▌ In einer Pfanne das Rapsöl erhitzen, das Fleisch darin scharf anbraten und 2 Minuten weitergaren. Gemüse zufügen, 1 Minute mitgaren und mit Zucker bestreuen. Sojasoße, Sesam und gehackte Chilischoten unterrühren.

▌ Den Salat in Portionsschalen füllen und mit jeweils 2 EL Granatapfelkernen bestreut servieren.

Fast & Classic

Putenspieße mit Schokoladen-Mojo

Für 4 Personen
Zubereitung: 45 Minuten

Zutaten

300 g rote Paprikaschoten
50 g Nussnugat-Creme
50 g Erdnüsse
50 ml Olivenöl
50 ml Orangensaft
1 Knoblauchzehe
100 g Backpflaumen
500 g Putenbrust
Salz
frisch gemahlener Pfeffer
Zimt
Kresse zum Garnieren

- Den Backofen auf 180 °C vorheizen. Paprikaschoten waschen, halbieren, von Samen und Scheidewänden befreien. Paprikahälften mit der Haut nach oben auf ein mit Backpapier bedecktes Backblech legen und im oberen Drittel des Ofens 15 Minuten rösten, bis die Haut dunkle Blasen wirft. Herausnehmen und in einem Gefrierbeutel etwas abkühlen lassen. Anschließend die Haut abziehen. Paprika mit Nussnugat-Creme, Erdnüssen, Olivenöl, Orangensaft, Knoblauch und Backpflaumen im Mixer pürieren. Schokoladen-Mojo mit Salz, frisch gemahlenem Pfeffer und Zimt abschmecken.

- Putenbrust in 1 cm breite und 12 cm lange Streifen schneiden. Wellenförmig auf Holzspieße stecken und von jeder Seite 4 Minuten grillen. Salzen und pfeffern.

- Die Geflügelspieße mit Kresseblättchen bestreuen, mit Mojo servieren. Dazu passt knuspriges Baguette.

Bratwurstgratin mit Apfelkraut

Für 4 Personen
Zubereitung: 60 Minuten

Zutaten

2 Äpfel
Olivenöl für die Form
200 g gekochte Kartoffeln
300 g Sauerkraut
4 Eier
200 ml Sahne
2 EL Senf
4 Bratwürste
150 g Emmentaler, gerieben
Salz
frisch gemahlener Pfeffer

- Den Backofen auf 200 °C vorheizen. Äpfel schälen, vom Kerngehäuse befreien und in Spalten schneiden.

- Eine Auflaufform (25 x 20 cm) mit Olivenöl einstreichen. Die Kartoffeln in Scheiben schneiden, mit dem Sauerkraut mischen und mit Salz und Pfeffer würzen. In der Auflaufform verteilen. Die Eier mit Sahne und Senf verrühren und über die Kartoffel-Sauerkraut-Mischung gießen. Die Bratwurst in grobe Stücke schneiden und zusammen mit den Äpfeln auf dem Gratin verteilen. Mit Emmentaler bestreuen und im heißen Ofen 30 Minuten backen, bis die Oberfläche goldbraun ist. Das Gratin heiß servieren.

Fast & Classic

Chicken-Drumsticks mit Honig-Soja-Marinade und Pistazien

Für 4 Personen
Zubereitung: 45 Minuten

Zutaten

8 Hähnchenunterschenkel
1 TL Speisestärke
8 EL Sojasauce
3 EL Honig
20 g Pistazien, gehackt

▍ Den Backofen auf 160 °C vorheizen. Die Hähnchenschenkel im oberen Drittel einschneiden, damit sich das Fleisch vom Knochen löst.

▍ Speisestärke in 2 EL Sojasauce auflösen. Die restliche Sojasauce mit dem Honig aufkochen, dann mit der aufgelösten Speisestärke binden. Hähnchenteile in einer Schüssel in der Honig-Soja-Marinade wenden. Auf ein mit Backpapier bedecktes Backblech legen und für 30 Minuten in den Ofen schieben. Zwischendurch immer wieder mit der restlichen Marinade bestreichen. Die Chicken-Drumsticks mit Pistazien bestreut heiß servieren.

Chickenwings mit Cheesecream

Für 4 Personen
Zubereitung: 50 Minuten
Ruhezeit: 12 Stunden

Zutaten

800 g Hähnchenflügel
40 g Zucker
20 g Paprikapulver, edelsüß
15 g Salz
2 Knoblauchzehen
8 EL Rapsöl
50 g Mayonnaise
150 g saure Sahne
100 g Brie

▍ Hähnchenflügel unter kaltem Wasser abspülen und trocken tupfen. Zucker, Paprika, Salz und Knoblauch im Mörser fein zerstoßen, das Rapsöl unterrühren. Die Hähnchenflügel mit der Gewürzmischung einreiben und 12 Stunden marinieren.

▍ Den Backofen auf 180 °C vorheizen. Die Flügel 30 Minuten unter mehrmaligem Wenden backen.

▍ Mayonnaise, saure Sahne und Brie mit einer Gabel vermengen, mit Salz und Pfeffer würzen. Die Käsecreme zu den knusprigen Hähnchenflügeln servieren.

Mini-Calzone

Fingerfood zum Verlieben

Für 4 Personen
Zubereitung: 55 Minuten

Zutaten

1 Gemüsezwiebel
1 Knoblauchzehe
80 g Champignons
60 g Kochschinken
5 Kirschtomaten
1 Zweig Rosmarin
1 Zweig Thymian
3 EL Olivenöl
80 g Büffelmozzarella
½ Dose geschälte Tomaten
1 Paket Pizzateig (Fertigprodukt)
1 Eigelb
Salz
frisch gemahlener Pfeffer
Zucker

- Gemüsezwiebel schälen und in Streifen schneiden. Knoblauchzehe schälen und fein hacken. Pilze putzen und vierteln. Kochschinken in Streifen schneiden, Kirschtomaten waschen und halbieren. Diese Zutaten mit der Hälfte der abgezupften Rosmarin- und Thymianblätter mischen, mit Salz und Pfeffer würzen. In Olivenöl 3 Minuten scharf anbraten, dann aus der Pfanne nehmen.

- Mozzarella in Scheiben schneiden. Die geschälten Tomaten pürieren, die übrigen Kräuter zufügen, die Tomatensauce mit Salz, Pfeffer und Zucker abschmecken.

- Den Backofen auf 220 °C vorheizen. Pizzateig auf einer bemehlten Arbeitsfläche entrollen und vier Kreise mit 12 cm Durchmesser ausstechen. Die Tomatensoße auf die Pizzaböden streichen, dabei einen Rand frei lassen. Jeden Boden zur Hälfte mit der Zwiebelmischung und Mozzarellascheiben belegen. Den Rand mit verquirltem Eigelb bestreichen und die unbelegte Teighälfte über die Füllung klappen. Die Ränder mit einer Gabel fest andrücken. Die Mini-Calzone auf ein mit Backpapier bedecktes Blech legen und in 25 Minuten goldbraun backen. Die Teigtaschen schmecken warm oder kalt.

Fast & Classic

Flammkuchen »Himmel und Erde«

Deftiger Belag mit Blutwurst und Apfel trifft auf leichten Boden.

Für 4 Personen
Zubereitung: 45 Minuten
Ruhezeit: 30 Minuten

Zutaten

250 g Mehl
Mehl zum Arbeiten
1 TL Salz
1 Prise Zucker
15 g frische Hefe
2 Äpfel
2 rote Zwiebeln
250 g Blutwurst
150 g festkochende Kartoffeln
200 g Crème fraîche
4 EL Olivenöl
4 Zweige Oregano
Salz
frisch gemahlener Pfeffer

▎Für den Teig Mehl, Salz und Zucker in einer Schüssel mischen. Die Hefe in 125 ml lauwarmem Wasser auflösen und alles zu einem glatten Teig verkneten. Den Teig für 30 Minuten abgedeckt an einem warmen Ort stehen lassen.

▎Äpfel waschen, das Kerngehäuse mit einem Ausstecher entfernen. Die Äpfel in dünne Scheiben schneiden. Zwiebeln schälen und in Ringe schneiden. Kartoffeln schälen und in dünne Scheiben schneiden. Blutwurst falls nötig pellen und in Scheiben schneiden. Alle Zutaten für den Belag nacheinander in jeweils 1 EL Olivenöl anbraten.

▎Den Backofen auf 220 °C vorheizen. Den Teig in vier Portionen teilen, auf einer bemehlten Arbeitsfläche dünn ausrollen. Die Teigböden mit Crème fraîche bestreichen und mit Äpfeln, Blutwurst, Zwiebeln und Kartoffeln belegen. Flammkuchen 10 Minuten backen und heiß mit Oregano bestreut servieren.

Tipp: Wenn es schneller gehen muss, einfach fertigen Pizzateig aus dem Kühlregal verwenden.

Fast & Classic

Petersilien-Cappuccino

Für 4 Personen
Zubereitung: 50 Minuten

Zutaten

2 Zwiebeln
200 g Petersilienwurzel
20 g Butter
400 ml Gemüsebrühe
150 g Sahne
2 Bund Petersilie
200 ml Milch
Salz
frisch gemahlener Pfeffer
Muskat

Die Zwiebeln schälen und fein würfeln. Die Petersilienwurzel schälen, in dünne Scheiben schneiden. Beides in Butter 6 Minuten anschwitzen. Die Brühe mit der Sahne zufügen und 20 Minuten köcheln lassen. Die Suppe pürieren und mit Salz, Pfeffer und Muskat abschmecken.

Die Petersilie waschen, trocknen und die Blättchen von den Stängeln zupfen. Einige zurückbehalten, die übrigen in die Suppe geben. Wieder zum Kochen bringen, anschließend durch ein Sieb passieren.

Die Milch erwärmen, mit etwas Salz und Muskat würzen. Mit einem Milchaufschäumer aufschlagen, bis ein schöner Schaum entsteht. Die Suppe in Tassen mit einer Milchkrone servieren.

Erbsensuppe mit Süßkartoffeln und Entenbratwürstchen, in der Brotschüssel serviert

Für 4 Personen
Zubereitung: 50 Minuten

Zutaten

1 Zwiebel
80 g geräucherter Speck
750 g tiefgekühlte Erbsen
600 ml Gemüse- oder Geflügelfond
120 g Süßkartoffeln
300 g Entenbratwürstchen
2 EL Rapsöl
4 kleine runde Brote (Durchmesser 13 cm)
Salz
frisch gemahlener Pfeffer
Zucker
Musakatnuss

■ Die Zwiebel schälen und in feine Würfel schneiden. Den Speck würfeln, in einer Pfanne ohne Fett auslassen und 4 Minuten braten. Zwei Drittel der Erbsen zufügen und mit dem Fond aufgießen. 10 Minuten köcheln lassen, anschließend pürieren. Die Süßkartoffeln schälen, in 1 cm große Würfel schneiden und in die Suppe geben. Bei mittlerer Temperatur unter häufigem Rühren 20 Minuten garen, bis die Süßkartoffeln weich sind. Die Suppe mit Salz, frisch gemahlenem Pfeffer, Zucker und Muskatnuss würzen.

■ Entenwürstchen in Rapsöl 3 Minuten knusprig braten, in 2 cm lange Stücke schneiden und zusammen mit den restlichen Erbsen in die Suppe geben. Die Suppe noch einmal aufkochen.

■ Von den Broten einen Deckel abschneiden und das Innere aushöhlen. Die Erbsensuppe hineinfüllen und sofort servieren.

Fast & Classic

Appenzellerbrötchen mit Birne, Bohne, Speck

Für 4 Personen
Zubereitung: 45 Minuten

Zutaten

4 Roggenbrötchen
200 g Appenzeller
4 cl Kirschwasser
1 Birne (vorzugsweise Abate)
4 Scheiben Frühstücksspeck
1 EL Olivenöl
100 g Keniabohnen
frischer Thymian
Salz
frisch gemahlener Pfeffer

- Von den Brötchen einen 1 cm dicken Deckel abschneiden, das Innere aushöhlen. Den Appenzeller mit dem Kirschwasser in einem Topf schmelzen und warm halten.

- Die Birne schälen und vom Kerngehäuse befreien. Einige Schnitze zum Dekorieren beiseite legen, den Rest in kleine Würfel schneiden. Eine Scheibe Frühstücksspeck ohne Fett in einer Pfanne bräunen und ebenfalls für die Dekoration beiseite legen. Restlichen Speck würfeln und zusammen mit den Birnen in Olivenöl 2 Minuten anschwitzen. Die Bohnen waschen, putzen und in 2 cm große Stücke schneiden, dann in Salzwasser blanchieren. Abtropfen lassen und zu der Birnen-Speck-Mischung geben. Mit Salz und Pfeffer würzen.

- Die Birnen-Bohnen-Speck-Mischung auf die Brötchen verteilen und mit geschmolzenem Käse übergießen. Mit Birnenschnitzen und knusprigen Speckstücken dekorieren.

Bunter Kartoffelsalat

Für 4 Personen
Zubereitung: 45 Minuten

Zutaten

500 g festkochende Kartoffeln
125 g Kirschtomaten
100 g grüne Bohnen
80 g Feldsalat
50 g Schalotten
1 TL Butter
4 EL Balsamico-Essig
1 TL Senf
6 EL Olivenöl
1 TL Zucker
Salz
frisch gemahlener Pfeffer

- Die Kartoffeln gründlich abbürsten und in der Schale garen. Etwas abkühlen lassen, dann pellen und in Scheiben schneiden. Kirschtomaten waschen und halbieren. Die Bohnen waschen und putzen, 5 Minuten in kochendem Salzwasser blanchieren, in Eiswasser abkühlen, dann schräg halbieren.

- Feldsalat putzen und waschen. Schalotten fein würfeln, in Butter glasig anschwitzen. Essig, Senf und Olivenöl verrühren, Schalotten zufügen und mit Zucker, Salz und Pfeffer würzen.

- Kartoffeln, Kirschtomaten, Bohnen und Feldsalat in einer Schüssel vermengen, mit der Vinaigrette übergießen und gut durchheben.

Croque Madame

Ein klassischer Verführer mit französischem Charme

Für 4 Personen
Zubereitung: 20 Minuten

Zutaten

8 Scheiben Toastbrot
4 Scheiben Emmentaler
4 Scheiben Kochschinken
3 EL Olivenöl
4 Eier
20 g Butter

▌ Die Hälfte der Brotscheiben mit jeweils einer Scheibe Käse und Kochschinken belegen. Mit den übrigen Toastscheiben bedecken und gut andrücken. In einer beschichteten Pfanne in Olivenöl knusprig braten.

▌ In einer zweiten Pfanne die Spiegeleier in Butter braten. Aus der Pfanne heben, mit einem runden Ausstecher das Spiegelei kreisförmig zuschneiden. Die Spiegeleier auf die gebratenen Toasts legen und sofort servieren.

Tipp: Mit frischen Kräutern bestreut sieht der Croque Madame gleich noch verführerischer aus. Besonders gut passen Schnittlauch, Estragon oder Kerbel.

Fast & Classic

Fischstäbchen-Hot-Dog

Für 4 Personen
Zubereitung: 25 Minuten

Zutaten

900 g Zanderfilet ohne Haut
Saft von 1 Zitrone
1 Ei
Mehl zum Wenden
80 g Semmelbrösel
4 EL Olivenöl
100 g Salatgurke
50 g Radieschen
4 Hot-Dog-Brötchen
4 EL Remoulade
frische Kräuter (etwa Dill, Kerbel, Pimpernelle)
Salz
frisch gemahlener Pfeffer

▌ Von den Zanderfilets mit einem scharfen Messer den Bauchlappen abschneiden, die Gräten entfernen. Den Fisch in 3 cm breite Streifen schneiden. Mit dem Zitronensaft beträufeln und mit Salz und Pfeffer würzen. Das Ei verquirlen. Die Zanderstreifen in Mehl wenden, in das verquirlte Ei tauchen, dann in Semmelbröseln wälzen. Die panierten Fischstäbchen in Olivenöl knusprig braten.

▌ Gurke und Radieschen waschen und in dünne Scheiben hobeln. Die Brötchen aufschneiden und mit jeweils 1 EL Remoulade bestreichen. Die Fischstäbchen hineinlegen, mit Gurken- und Radieschenscheiben garnieren und mit Kräutern bestreuen. Sofort servieren.

Sauce Rouille

Für 4 Personen
Zubereitung: 5 Minuten

Zutaten

100 g Mayonnaise
Saft von ½ Zitrone
1 cl Pernod
2–3 Fäden Safran
½ TL Paprikapulver, edelsüß
½ TL Cayennepfeffer
1 EL Senf
1 Knoblauchzehe, fein gehackt
Salz

▌ Die Mayonnaise in einer Schüssel mit den restlichen Zutaten verrühren, mit Salz abschmecken.

Tipp: Eine pikante Sauce als Dip zu Fisch- und Fleischgerichten.

Fast & Classic

Matjesbrötchen mit Apfel-Curry-Creme

Ein gesunder nordischer Leckerbissen, neu aufgelegt

Für 4 Personen
Zubereitung: 15 Minuten

Zutaten

4 Matjes-Doppelfilets
80 g Crème fraîche
80 g Mayonnaise
½ Apfel
1 Zwiebel
1 EL Currypulver
1 TL Zucker
4 Brötchen
½ Schale Kresse
Salz
frisch gemahlener Pfeffer

- Die Matjesfilets unter kaltem Wasser abspülen und mit Küchenpapier trocken tupfen.

- Crème fraîche und Mayonnaise verrühren. Den Apfel waschen, vom Kerngehäuse befreien und fein würfeln. Zwiebel schälen und fein würfeln. Apfel, Zwiebel, Currypulver und Zucker unter die Mayonnaisemischung rühren, mit Salz und Pfeffer würzen.

- Die Brötchen aufschneiden, mit der Apfel-Curry-Creme bestreichen und jeweils mit einem Matjes-Doppelfilet belegen. Mit Kresse bestreut servieren.

Tipp: Stellen Sie ein Schälchen mit Zwiebelringen bereit. So kann jeder nach Belieben sein Fischbrötchen damit aufpeppen.

Fast & Classic

Saltimbocca vom Lachs

Knusprig-saftig aus dem Ofen – für Genießer

Für 4 Personen
Zubereitung: 30 Minuten

Zutaten

600 g Lachsfilet
4–6 Zweige Salbei
1 unbehandelte Limette
4 Scheiben Frühstücksspeck

Lachsfilet in 3 cm dicke Tranchen schneiden. Salbei waschen und die Blätter abzupfen. Limette in dünne Scheiben schneiden. Jede Lachstranche mit zwei Limettenscheiben und Salbeiblättchen belegen und mit einer Scheibe Speck umwickeln. Den Speck mit Holzspießen fixieren.

Den Backofengrill vorheizen. Saltimbocca auf einem Blech in den Ofen schieben und goldbraun grillen. Mit knusprigem Baguette servieren.

Fast & Veggie

Vegetarische Highlights

Fast Food ohne Fleisch – geht das überhaupt? Mit unseren Rezeptvorschlägen kommt keiner zu kurz. Gefüllte Rotweinbirnen, Wassermelonen-Rettich-Salat oder Mohngnocchi schmecken nicht nur Vegetariern. Alltägliche Zutaten, die in jedem Kühlschrank vorrätig sind, gepaart mit den frischen Produkten der Saison, ergeben schnelle Gerichte für zu Hause, für eine Party oder für unterwegs. Freuen Sie sich auf unkomplizierten Genuss.

Fast & Veggie

Zucchini-Picatta mit Tomaten

Für 4 Personen
Zubereitung: 20 Minuten

Zutaten

250 g Zucchini | 2 Eier
80 g Parmesan, gerieben
Mehl zum Wenden
5 EL Olivenöl
2 mittelgroße Tomaten | 40 g Rucola
1 Schale rote Shiso-Kresse
Salz
frisch gemahlener Pfeffer

- Zucchini waschen und in Scheiben schneiden. Eier verquirlen, Parmesan unterrühren und kräftig aufschlagen. Zucchinischeiben mit Salz und Pfeffer würzen, in Mehl wenden.

- In einer beschichteten Pfanne das Olivenöl erhitzen, die Zucchinischeiben in die Parmesan-Ei-Mischung tauchen und portionsweise in Olivenöl von jeder Seite 2 Minuten braten. Aus der Pfanne heben und auf Küchenpapier abtropfen lassen.

- Tomaten und Rucola waschen, Tomaten in Scheiben schneiden. Zucchini- und Tomatenscheiben leicht überlappend auf Tellern anordnen, mit Rucola und Shiso-Blättern servieren.

Ratatouille-Torteletts

Für 4 Personen
Zubereitung: 45 Minuten
Ruhezeit: 30 Minuten

Zutaten

250 g Mehl
125 g Butter
1 Ei
2 Zwiebeln
1 gelbe Paprikaschote
1 rote Paprikaschote
1 Knoblauchzehe
4 Thymianzweige
2 Rosmarinzweige
1 Zucchini
1 Aubergine
6 EL Olivenöl
100 g Kirschtomaten
Salz
frisch gemahlener Pfeffer
Zucker
Butter zum Ausfetten

- Mehl, Butter, Ei und eine Prise Salz schnell zu einem Mürbeteig verarbeiten. In Frischhaltefolie wickeln und 30 Minuten im Kühlschrank ruhen lassen.

- In der Zwischenzeit acht Förmchen mit 10 cm Durchmesser mit Butter ausfetten. Zwiebel schälen, Paprikaschoten waschen und putzen und alles in 2 cm große Stücke schneiden.

- Den Teig auf einer bemehlten Fläche ausrollen und die Förmchen damit auslegen. Die Zwiebeln in 2 EL Olivenöl anbraten, Paprikaschoten und Knoblauch zugeben und 10 Minuten mitbraten. Thymian und Rosmarin zufügen, mit Salz, Pfeffer und Zucker abschmecken. Das ganze bei geringer Temperatur weitere 10 Minuten köcheln lassen, dann pürieren. Den Backofen auf 170 °C vorheizen.

- Zucchini und Aubergine in 4 EL Olivenöl goldbraun anbraten, salzen und pfeffern. Die Kirschtomaten halbieren. Zucchini, Auberginen und Tomaten unter das Püree heben und auf die Torteletts verteilen.

- Die Torteletts 35 Minuten auf mittlerer Schiene backen und heiß servieren.

Fast & Veggie

Wassermelonen-Rettich-Salat

Für 4 Personen
Zubereitung: 20 Minuten

Zutaten

½ kleine Wassermelone
10 cm Rettich
4 Zweige Salbei
1 TL rosa Pfeffer
4 EL Olivenöl
Saft von ½ Limette
3 EL Mango- oder Apfelessig
Salz
Zucker
frisch gemahlener Pfeffer

▪ Die Wassermelone schälen und in 1 cm dicke Scheiben schneiden, die Scheiben in Stücke von etwa 3 cm schneiden. Den Rettich schälen und in dünne Scheiben schneiden. Salbei waschen und Blättchen abzupfen. Rosa Pfeffer im Mörser grob zerstoßen.

▪ Olivenöl, Limettensaft und Essig verrühren und kräftig aufschlagen. Die Vinaigrette mit Salz, Zucker und Pfeffer würzen. Melone und Rettich auf einer Platte anrichten. Mit der Vinaigrette beträufeln, mit rosa Pfeffer und Salbei bestreut servieren.

China-Dressing

Für 4 Personen
Zubereitung: 15 Minuten

Zutaten

50 ml Sojasauce
2 EL Reisessig
75 g süßer Senf
2 Knoblauchzehen, fein gehackt
30 ml Sesamöl
60 g Honig
250 ml Sonnenblumenöl

▪ Sojasauce, Essig und Senf glatt rühren. Knoblauch, Sesamöl und Honig untermengen. Das Sonnenblumenöl dazugießen und das Dressing kräftig aufschlagen.

Tipp: Ein asiatisches Dressing, das besonders gut zu Salat oder Gemüse passt.

Fast & Veggie

Tomatenrisotto mit Büffelmozzarella

Für 4 Personen
Zubereitung: 40 Minuten

Zutaten

500 g Tomaten
250 g Büffelmozzarella
80 g Parmesan
2 Zwiebeln
3 EL Olivenöl
20 g Butter
250 g Risottoreis
1 l heiße Gemüsebrühe
4 Stängel Basilikum
Salz
frisch gemahlener Pfeffer

▌ Tomaten waschen, vierteln und die Samen entfernen. Tomatenfleisch in Würfel schneiden. Mozzarella ebenfalls würfeln, Parmesan reiben. Die Zwiebeln schälen und in feine Würfel schneiden.

▌ In einem Topf Olivenöl und Butter erhitzen, die Zwiebeln darin glasig anschwitzen. Den Reis dazugeben und 5 Minuten rühren. Die heiße Brühe nach und nach angießen und den Risotto unter Rühren 30 Minuten kochen. Wenn der Reis die Flüssigkeit aufgenommen hat, den Parmesan unterziehen und den Risotto mit Salz und Pfeffer abschmecken. Vor dem Servieren Tomaten- und Mozzarellawürfel unterziehen. Mit Basilikum bestreut servieren.

Käse-Tortellini-Auflauf

Für 4 Personen
Zubereitung: 50 Minuten

Zutaten

1 Zwiebel
2 EL Olivenöl
500 g frische Käse-Tortellini
(aus dem Kühlregal)
4 Eier
250 g Sahne
100 g Feta
100 g Kirschtomaten
Salz
frisch gemahlener Pfeffer

▌ Den Backofen auf 180 °C vorheizen.

▌ Zwiebel schälen und in Streifen schneiden. Eine Auflaufform mit Olivenöl einpinseln. Die Tortellini mit den Zwiebeln mischen und in der Auflaufform verteilen. Die Eier mit der Sahne verquirlen und mit Salz und Pfeffer würzen. Die Sahne-Ei-Mischung über die Tortellini gießen. Die Nudeln auf mittlerer Schiene für 45 Minuten in den Ofen schieben.

▌ Währenddessen den Feta in Würfel schneiden, die Tomaten waschen und halbieren. Nach 30 Minuten Garzeit Tomaten und Feta über den Auflauf streuen und 15 Minuten mitbacken.

Fast & Veggie

Grießklöße mit Oliven und Thymian

Eine Kombination, die nach Süden und Sonne schmeckt

Für 4 Personen
Zubereitung: 45 Minuten

Zutaten

500 ml Milch
120 g Butter
125 g Grieß
2 Eier
80 g grüne Oliven, gehackt
abgeriebene Schale von 1 unbehandelten Zitrone
4–5 EL Olivenöl
5 Zweige Thymian
Salz
frisch gemahlener Pfeffer

▌ Die Milch zusammen mit Butter und Grieß aufkochen. 15 Minuten quellen lassen, dann von der Kochstelle nehmen. Eier, Oliven und abgeriebene Zitronenschale unterziehen, mit Salz und Pfeffer abschmecken. Aus der Masse Nocken formen.

▌ In einem großen Topf reichlich Salzwasser zum Kochen bringen. Die Klöße darin pochieren, bis sie an die Oberfläche steigen.

▌ Abtropfen lassen, mit Olivenöl beträufeln und mit Thymianblättchen bestreut servieren.

Tipp: Eine kleine Schale mit gutem Olivenöl, etwas Meersalz und Chiliflocken auf den Tisch stellen, damit sich jeder die Klöße nach Belieben damit beträufeln kann.

Fast & Veggie

Mohngnocchi

Raffiniert gepaart – einfach unwiderstehlich

Für 4 Personen
Zubereitung: 50 Minuten

Zutaten

1150 g mehlig kochende Kartoffeln
(geschält ca. 900 g)
80 g Grieß
6 Eigelb
50 g Mohn
4 EL Maisstärke
30 g Butter
Salz
frisch gemahlener Pfeffer
Muskat

Die Kartoffeln schälen und in Salzwasser garen. Das Wasser abgießen und die Kartoffeln 10 Minuten ausdampfen lassen. Durch die Kartoffelpresse drücken, mit Grieß, Eigelb, Mohn und Stärke vermengen. Mit Salz, Pfeffer und Muskat abschmecken, schnell zu einem Teig kneten. Aus dem Teig eine Rolle formen, mit dem Messerrücken kleine Stücke abstechen und nach Belieben formen. Die Gnocchi in kochendem Salzwasser 10 Minuten garen.

Gut abtropfen lassen und zum Servieren die Gnocchi in Butter anbraten.

Fast & Veggie

Potato-Wedges

Die Kartoffel, unser bestes Stück – hier gepaart mit Feta und Thymian

Für 4 Personen
Zubereitung: 25 Minuten

Zutaten

1 kg große Kartoffeln
250 g Feta
2 Zweige Thymian
abgeriebene Schale von
½ unbehandelten Zitrone
2 EL Olivenöl
500 ml Rapsöl
Salz
frisch gemahlener Pfeffer

- Die Kartoffeln gründlich abbürsten und in Spalten schneiden. Die Kartoffelspalten in Salzwasser 8 Minuten kochen, in ein Sieb abgießen und auf Küchenpapier auskühlen lassen.

- Den Käse grob zerbröseln, mit Thymianblättchen, Zitronenschale und Olivenöl verrühren.

- In einem hohen Topf oder in der Fritteuse das Rapsöl auf 160 °C erhitzen. Die Kartoffelspalten darin 3–5 Minuten backen, bis sie goldgelb und knusprig sind. Die Wedges auf Küchenpapier abtropfen lassen, mit Salz und frisch gemahlenem Pfeffer würzen. Den marinierten Feta über die Potatoe-Wedges streuen und servieren.

Fast & Veggie

Spinat-Muffin mit Toast und Ei

Für 4 Personen
Zubereitung: 50 Minuten

Zutaten

4 große Scheiben Toast
Butter zum Ausfetten
125 g tiefgekühlter Spinat
100 g Feta
50 g Oliven, kernlos
4 Eier (S)
Salz
frisch gemahlener Pfeffer
Muskatnuss
Mediterrane Kräuter zum Bestreuen

▎ Den Backofen auf 150 °C vorheizen. Die Toastscheiben mit dem Nudelholz dünn ausrollen. In einem Muffinblech vier Mulden fetten und die Toastscheiben hineindrücken. Den Spinat auftauen, überschüssiges Wasser ausdrücken. Feta zerbröseln und mit den Oliven unter den Spinat mengen. Mit Salz, frisch gemahlenem Pfeffer und Muskat abschmecken.

▎ Die Spinatmasse auf die Toastscheiben verteilen und mit einem Teelöffel eine Mulde in die Mitte drücken. In die Mulde je 1 Ei aufschlagen.

▎ Die Muffins auf mittlerer Schiene 25 Minuten backen, bis die Eier gestockt sind. Mit Kräutern bestreut servieren.

Omelett mit Feigen und Bergkäse

Für 4 Personen
Zubereitung: 40 Minuten

Zutaten

2 El Olivenöl
4 Feigen
2 EL Honig
1 Zweig Rosmarin
150 g Bergkäse
200 g Champignons
12 Eier
60 g Butter
Salz
frisch gemahlener Pfeffer

▎ Die Feigen waschen und vierteln. In einer Pfanne 1 EL Olivenöl erhitzen, Feigen und Rosmarin darin 30 Sekunden anbraten, mit dem Honig beträufeln, weitere 30 Sekunden braten, dann aus der Pfanne nehmen.

▎ Den Bergkäse würfeln, die Pilze putzen und in Scheiben schneiden. Eier in eine Schüssel aufschlagen und mit den Pilzen vermengen, mit Salz und Pfeffer abschmecken.

▎ In einer beschichteten Pfanne ein Viertel der Butter schmelzen und ein Viertel der Eimasse hineingießen. Das Omelett bei mittlerer Temperatur stocken lassen. Sobald die Eier fest sind, ein Viertel der Käsewürfel auf dem Omelett verteilen, das Omelett aus der Pfanne gleiten lassen und zusammenklappen. Die übrigen Omeletts ebenso zubereiten. Zusammen mit den Honig-Feigen servieren.

Frittiertes Landei auf Gemüsespaghetti

Die inneren Werte zählen

Für 4 Personen
Zubereitung: 40 Minuten

Zutaten

150 g Karotte
200 g Zucchini
½ Bund Frühlingszwiebeln
1 Schalotte
4 EL Olivenöl
2 EL Weißweinessig
1 TL Senf
1 TL Honig
2 EL Walnussöl
4 Eier (M)
Mehl zum Wenden
1 Ei, verquirlt
100 g Semmelbrösel
500 ml Rapsöl
30 g Rucola
4 EL Mayonnaise
Salz
frisch gemahlener Pfeffer

- Gemüse waschen, Karotte schälen. Zucchini und Karotte mit einem Julienne-Schneider in lange, feine Streifen schneiden und in kochendem Salzwasser 2 Minuten garen. Frühlingszwiebeln längs in Streifen schneiden.

- Schalotte schälen, fein würfeln und in 1 EL Olivenöl anschwitzen. Mit Weißweinessig ablöschen, vom Herd nehmen. Senf, Honig, restliches Olivenöl und Walnussöl kräftig unterrühren. Die Vinaigrette mit Salz und Pfeffer würzen, die Zucchini-, Karotten- und Frühlingszwiebelstreifen 30 Minuten darin marinieren.

- Die Eier in siedendem Wasser 5 Minuten kochen. Herausheben, abschrecken und pellen. Gepellte Eier salzen, in Mehl wenden, durch verquirltes Ei ziehen, dann in Semmelbröseln wälzen.

- Das Rapsöl in einem hohen Topf oder in der Fritteuse erhitzen. Die panierten Eier ins heiße Öl gleiten lassen und einige Sekunden knusprig ausbacken. Auf Küchenpapier abtropfen lassen. Rucolablätter waschen und trocken tupfen.

- Vier Teller in der Mitte mit Mayonnaise einstreichen, die Gemüsespaghetti darauf verteilen und in Form eines Nestes anrichten, jeweils ein frittiertes Ei hineinsetzen und mit Rucola garnieren.

Fast & Veggie

Zitronengras-Satay

Delikate Kleinigkeiten – reinbeißen und genießen

Für 4 Personen
Zubereitung: 30 Minuten

Zutaten

1 Dose Kichererbsen (400 g)
70 g Semmelbrösel
1 Ei (M)
1 EL gehackte Minze
1 EL gehackter Koriander
1 cm Ingwerwurzel, gerieben
3 EL süße Chilisauce
1 EL Satay-Pulver
8 Stängel Zitronengras
4 EL Rapsöl
200 g Joghurt
1 TL Chiliflocken
Salz
frisch gemahlener Pfeffer

Kichererbsen in ein Sieb gießen und gut abtropfen lassen. Mit Semmelbröseln, Ei, Minze, Koriander, Ingwer, Chilisauce und Satay-Pulver in der Küchenmaschine fein pürieren. Die Masse mit Salz und Pfeffer würzen. Die Zitronengrasstängel mit dem Messerrücken leicht klopfen. Die Kichererbsenmasse in acht Portionen teilen und mit feuchten Händen um die Zitronengrasstängel herumdrücken. In Rapsöl von jeder Seite 4 Minuten braten.

Die Zitronengrasspieße mit Joghurt und Chiliflocken servieren.

Fast & Veggie

Frischkäse-Rotwein-Birnen

Für 4 Personen
Zubereitung: 50 Minuten

Zutaten

4 Birnen (vorzugsweise Williams Christ)
1 l Rotwein
150 g Zucker
1 Zimtstange
2 Sternanis
2 Gewürznelken
250 g Frischkäse
8 Radieschen
3 EL Olivenöl
3 EL Mango- oder Apfelessig
1 Schale Kresse
Salz
frisch gemahlener Pfeffer

▌ Die Birnen schälen. In einem Topf den Rotwein mit Zucker und Gewürzen aufkochen. Die Birnen hineinlegen und 15–20 Minuten pochieren, herausheben und auskühlen lassen.

▌ Frischkäse glatt rühren und mit Salz und Pfeffer abschmecken. Radieschen waschen und in dünne Scheiben hobeln. Olivenöl mit Essig verrühren und die Radieschen mit dem Dressing mischen.

▌ Die Birnen in Viertel schneiden, das Kerngehäuse entfernen und mit einer flachen Palette die Birnenviertel mit Frischkäse füllen. Birnen mit Radieschenscheiben und Kresse servieren.

Gebratene Mango mit Vanillesirup und Frischkäse

Für 4 Personen
Zubereitung: 15 Minuten

Zutaten

3 Mangos
25 g Zucker
ausgekratztes Mark von 1 Vanilleschote
20 g Butter
100 g Frischkäse
Salz
frisch gemahlener Pfeffer

▌ Mangos schälen und das Fruchtfleisch vom Kern schneiden. Zucker mit 50 ml Wasser und Vanillemark aufkochen und auskühlen lassen. Das Mangofruchtfleisch in Butter anbraten, mit Salz und Pfeffer würzen. Die Mangoscheiben mit Frischkäse und Vanillesirup servieren.

Fast & Veggie

Pizzetti mit Kirschtomaten und Mozzarella

Für 4 Personen
Zubereitung: 50 Minuten

Zutaten

1 Paket Pizzateig
6 EL Tomatenmark
4 EL Crème fraîche
3 Zweige Thymian
1 Prise Zucker
5 EL Olivenöl
250 g Mozzarella
20 Kirschtomaten
Salz
frisch gemahlener Pfeffer
Thymianblätter zum Bestreuen

▮ Den Backofen auf 180 °C vorheizen. Pizzateig entrollen und mit einem Ausstecher 20 Kreise von 5 cm Durchmesser schneiden. Mehrmals mit einer Gabel einstechen.

▮ Tomatenmark mit Crème fraîche, Thymianblättchen und Zucker verrühren, salzen und pfeffern. Die Teigkreise mit Olivenöl einstreichen. Mozzarella in dünne Scheiben schneiden. Mit einem runden Ausstecher von 3 cm Durchmesser 20 Mozzarellascheiben ausstechen.

▮ Die Teigkreise mit 1 TL Tomatencreme bestreichen und jeweils mit einer Scheibe Mozzarella und einer Kirschtomate belegen. Im heißen Ofen auf mittlerer Schiene 20 Minuten backen. Die Pizzetti mit frisch gemahlenem Pfeffer und Thymian bestreuen und sofort servieren.

Fast & Veggie

Pizzetti mit Oliven und Manchego

Für 4 Personen
Zubereitung: 50 Minuten

Zutaten

1 Paket Pizzateig
6 EL Tomatenmark
4 EL Crème fraîche
3 Zweige Thymian
1 Prise Zucker
5 EL Olivenöl
120 g grüne Oliven ohne Stein
100 g Manchego
frisch gemahlener Pfeffer
Thymianblätter zum Bestreuen

▌ Den Backofen auf 180 °C vorheizen. Pizzateig entrollen und mit einem Ausstecher 20 Kreise von 5 cm Durchmesser schneiden. Mehrmals mit einer Gabel einstechen.

▌ Tomatenmark, Crème fraîche, Thymian und Zucker verrühren, salzen und pfeffern. Die Teigkreise mit Olivenöl einstreichen.

▌ Oliven und Manchego hacken und mischen. Die Teigkreise mit 1 TL Tomatencreme bestreichen und mit der Oliven-Manchego-Mischung bestreuen. Im heißen Ofen auf mittlerer Schiene 20 Minuten backen. Die Pizzetti mit frisch gemahlenem Pfeffer und Thymian bestreuen und sofort servieren.

Fast & Veggie

Scharfe Pommes

Bitte noch eine Portion!

Für 4 Personen
Zubereitung: 35 Minuten

Zutaten

1 EL Cayennepfeffer
2 EL geräuchertes Paprikapulver
1 EL Salz
1 EL Knoblauchpulver
1 EL Zwiebelpulver
800 g festkochende Kartoffeln
500 ml Erdnussöl

▍ Alle Gewürze in einer Schüssel mischen. Die Kartoffeln schälen und in Stäbchen schneiden. Die Kartoffelstäbchen in Salzwasser 5 Minuten blanchieren, abgießen und trocken tupfen.

▍ In einem hohen Topf oder in der Fritteuse das Öl auf 160 °C erhitzen. Die Kartoffelstäbchen darin portionsweise 6–7 Minuten frittieren. Vor dem Servieren mit der Gewürzmischung bestreuen.

Fast & Veggie

Gemüsebagel mit Sesamcreme und Zwiebelconfit

Rundum gesund und lecker

Für 4 Personen
Zubereitung: 20 Minuten

Zutaten

4 Bagels
200 g Zucchini
200 g Aubergine
2 EL Olivenöl
2 rote Zwiebeln
2 EL Rapsöl
50 g Zucker
100 ml trockener Rotwein
150 g Frischkäse
30 g Sesam
Daikon-Kresse
Salz
frisch gemahlener Pfeffer

Die Bagels quer halbieren. Zucchini und Aubergine waschen und in 5 mm dicke Scheiben schneiden. Auberginen salzen und 10 Minuten in einem Sieb ruhen lassen. Das Salz unter fließendem Wasser abspülen und die Auberginen trocken tupfen. Zucchini- und Auberginenscheiben in einer Grillpfanne von jeder Seite in Olivenöl braten, mit Salz und Pfeffer würzen.

Zwiebeln schälen und in Streifen schneiden, in Rapsöl anbraten. Mit Zucker bestreuen und karamellisieren, dann mit dem Rotwein ablöschen. Rotwein einkochen und das Zwiebelconfit mit Salz und Pfeffer abschmecken.

Den Frischkäse mit Sesam verrühren, jeweils die untere Bagelhälfte damit bestreichen. Die Gemüsescheiben abwechselnd darauf anordnen, das Zwiebelconfit daraufgeben, mit Daikon-Kresse bestreuen und mit der oberen Bagelhälfte abdecken.

Fast & Veggie

Graubrot mit Kartoffel-Schnittlauch-Creme

Das gute alte Butterbrot in völlig neuem Outfit

Für 4 Personen
Zubereitung: 30 Minuten

Zutaten

200 g mehlig kochende Kartoffeln
200 g Crème fraîche
1 Bund Schnittlauch
1 EL Meerrettich
4 Scheiben Graubrot
30 g Butter
Salz
frisch gemahlener Pfeffer
rosa Pfefferkörner

Die Kartoffeln schälen und in Stücke schneiden. In Salzwasser garen, dann in einem Sieb gut abtropfen lassen. Durch die Kartoffelpresse drücken, nach dem Auskühlen mit Crème fraîche verrühren. Schnittlauch in Röllchen schneiden und zusammen mit dem Meerrettich unterziehen. Die Creme mit Salz und Pfeffer abschmecken. Auf die gebutterten Graubrotscheiben streichen und vor dem Servieren mit grob zerstoßenem rosa Pfeffer bestreuen.

Fast & International

Auf allen Kontinenten zu Hause

Die Rezeptvielfalt verschiedener Kulturen spiegelt sich in diesem Kapitel wider. Frühlingsrollen oder Köfte mit Auberginencreme, Quesadillas und gegrillte Spare-Ribs finden hier eine neue Fangemeinde. Bewährte schnelle Gerichte aus aller Welt, präsentiert im neuen Gewand – rasant zubereitet und im Handumdrehen serviert. Worauf warten Sie? Holen Sie sich diese Genüsse nach Hause.

Fast & International

Parmesan-Tacos mit Schinken und Melone

Für 4 Personen
Zubereitung: 30 Minuten

Zutaten

150 g Mehl
30 g Puderzucker
3 Eiweiß
150 g weiche Butter
150 g Parmesan, fein gerieben
1 Cantaloupe-Melone
40 g Rucola
3 EL Olivenöl
12 Scheiben Serranoschinken
1 TL grobes Meersalz
frisch gemahlener Pfeffer

▌ Den Backofen auf 180 °C vorheizen. Mehl, Puderzucker und Eiweiß glatt rühren. Weiche Butter und Parmesan unterziehen. Aus der Käsemasse mit einer Palette auf ein mit Backpapier bedecktes Backblech 20 Kreise von 6 cm Durchmesser streichen. Im heißen Ofen 5–6 Minuten backen.

▌ Herausnehmen und jeden Kreis zum Auskühlen über ein Nudelholz legen. So entsteht die typische Tacoform.

▌ Die Melone schälen und von den Samen befreien. Aus dem Fruchtfleisch 8 cm lange Stäbchen schneiden. Rucola waschen und trocken tupfen. Melonenspalten und Rucola mit Olivenöl beträufeln, jeweils ein bis zwei Melonenspalten und einige Rucolablätter mit einer Scheibe Serranoschinken umwickeln und in eine Tacoschale legen. Mit grobem Meersalz und frisch gemahlenem Pfeffer bestreuen.

Farfalle mit süßen Karotten

Für 4 Personen
Zubereitung: 20 Minuten

Zutaten

150 g Farfalle
2 große Karotten
3 EL Rohrzucker
1 unbehandelte Zitrone
4 El Olivenöl
3 Zweige Thymian
2 El Balsamico bianco
Salz
frisch gemahlener Pfeffer
geriebener Parmesan

▌ Die Farfalle in Salzwasser garen, währenddessen die Karotten schälen und mit der Aufschnittmaschine in dünne Streifen schneiden. In einem Topf reichlich Wasser mit der halbierten Zitrone und dem Rohrzucker zum Kochen bringen, die Karottenstreifen darin kurz blanchieren.

▌ Farfalle in ein Sieb abgießen, abtropfen lassen, dann die noch heißen Nudeln kurz in einer Pfanne in Olivenöl schwenken und mit Thymianblättchen bestreuen.

▌ Zum Schluss die Karottenstreifen unterheben und mit einigen Spritzern weißem Balsamico, Salz und Pfeffer würzen. Den geriebenen Parmesan separat reichen.

Fast & International

Köfte mit Auberginencreme

Ein türkischer Klassiker, zart und saftig

Für 4 Personen
Zubereitung: 60 Minuten

Zutaten

2 Zwiebeln
2 Knoblauchzehen
1 EL Olivenöl
600 g Lammhackfleisch
2 EL Tomatenmark
1 Ei
1 EL Semmelbrösel
2 mittelgroße Auberginen
Saft von 1 Zitrone
3 Zweige Thymian
120 g Joghurt
4 EL Rapsöl
Salz
frisch gemahlener Pfeffer
rosa Pfefferkörner

Die Zwiebeln schälen und in feine Würfel schneiden. Knoblauch schälen und fein hacken. Knoblauch und Zwiebeln in einer Pfanne in Olivenöl glasig anschwitzen. Mit dem Lammhackfleisch in eine Schüssel geben. Mit Tomatenmark, Ei und Semmelbröseln vermengen. Mit Salz und Pfeffer abschmecken. Die Hackmasse für 30 Minuten kalt stellen.

Den Backofen auf 180 °C vorheizen. Die Auberginen mit einer Gabel mehrmals einstechen und auf ein mit Backpapier bedecktes Blech legen. Im heißen Ofen 45 Minuten rösten. Herausnehmen, der Länge nach halbieren und das Fruchtfleisch mit einem Löffel herausschaben. In einem Sieb 15 Minuten abtropfen und auskühlen lassen, dann mit Zitronensaft, Thymian, Salz und Pfeffer abschmecken. Das Auberginenmus mit Joghurt verrühren.

Aus der Hackmasse kleine Fladen formen und in etwas Rapsöl in einer Pfanne oder auf dem vorgeheizten Grill braten. Mit zerstoßenem rosa Pfeffer und der Auberginencreme servieren. Die Köfte schmecken heiß und kalt.

Fast & International

Quesadillas mit Linsen und Tomatenrelish

Für 4 Personen
Zubereitung: 60 Minuten

Zutaten

250 g rote Linsen
5 Frühlingszwiebeln
150 g Frischkäse
2 EL gehackter Koriander
8 Weizentortillas
500 g Tomaten
1 Zwiebel
1 grüne Chilischote
3 EL Olivenöl
1 TL Zucker
1 TL Currypulver
Salz
frisch gemahlener Pfeffer

- Die Linsen in Salzwasser bissfest garen, abgießen und auskühlen lassen. Frühlingszwiebeln waschen und in Ringe schneiden. Frischkäse, Koriander, Frühlingszwiebeln und Linsen vermengen. Die Mischung gleichmäßig auf die Tortillas verteilen, dabei nur eine Hälfte belegen, die andere darüberklappen. Tortillas in einer Grillpfanne von jeder Seite 2–3 Minuten braten.

- Die Tomaten waschen, halbieren und von den Samen befreien. Zwiebel schälen, in Würfel schneiden. Chilischote in Ringe schneiden. In einem kleinen Topf das Olivenöl erhitzen, Zwiebeln und Tomaten darin anschwitzen, Chili, Zucker und Curry dazugeben. 5–7 Minuten köcheln lassen, dann mit dem Stabmixer grob pürieren, salzen und pfeffern. Die Quesadillas vierteln und mit Tomatenrelish servieren.

Frühlingsrollen mit Hähnchen und Algensalat

Für 4 Personen
Zubereitung: 45 Minuten

Zutaten

1 Hähnchenbrustfilet
1 Karotte
50 g Backpflaumen ohne Stein
1 Knoblauchzehe
2 EL Sojasauce
2 EL Rapsöl
8 Blatt Frühlingsrollenteig
300 g Algensalat (aus dem Kühlregal)
500 ml Erdnussöl
Salz
frisch gemahlener Pfeffer

- Das Hähnchenfleisch in kleine Stücke schneiden und salzen. Die Karotte schälen und in dünne Stifte schneiden. Die Backpflaumen würfeln. Knoblauch schälen und fein hacken. Alle Zutaten in einer Schüssel mit der Sojasauce verrühren und 15 Minuten marinieren. Die Mischung in einer beschichteten Pfanne in Rapsöl anbraten. Mit Pfeffer würzen.

- Die Füllung auf die Teigblätter verteilen. Die Seiten umschlagen, die Blätter aufrollen, den oberen Rand mit Wasser befeuchten und gut andrücken.

- Den Algensalat auf Portionsschalen verteilen. Die Frühlingsrollen in Erdnussöl 3 Minuten frittieren und auf dem Algensalat servieren.

Fast & International

Lammkebap mit Tahini-Dip

Knuspriges Fleisch in cremig-aromatischer Begleitung

Für 4 Personen
Zubereitung: 30 Minuten
Ruhezeit: 15 Minuten

Zutaten

400 g Lammhüfte
2 Stängel Minze
2 Knoblauchzehen
3 EL Honig
3 EL Rapsöl
2 EL Sesam
125 g griechischer Joghurt
5 EL Tahini (Sesampaste)
2 EL Limettensaft
Salz
frisch gemahlener Pfeffer

Das Fleisch in 3 cm große Würfel schneiden. Die Minze waschen, die Blätter hacken. Die Knoblauchzehen mit der Schale leicht andrücken. Honig in einem Topf erhitzen, bis er flüssig ist. Knoblauch und Minze unterrühren. Das Fleisch mit der Honigmarinade übergießen und 15 Minuten marinieren. Die Lammwürfel auf Holzspieße stecken und in einer Pfanne in heißem Rapsöl 3 Minuten braten.

Sesam in einer Pfanne ohne Fett goldbraun rösten. Joghurt, Tahini-Paste, Limettensaft und Sesam zu einem Dip verrühren. Die Lammspieße heiß servieren, den Dip separat reichen.

Fast & International

Thunfischtoast mit Wasabi-Mayonnaise

Für 4 Personen
Zubereitung: 25 Minuten

Zutaten

8 Scheiben Toastbrot
300 g Thunfisch aus der Dose
200 g saure Sahne
1 EL Sesam
100 g Mayonnaise
1 TL Wasabipaste
½ TL Sojasauce
1 Prise Zucker
Salz
frisch gemahlener Pfeffer

▌ Die Brotscheiben rösten. Thunfisch in einem Sieb gut abtropfen lassen und ausdrücken. Thunfisch und saure Sahne in einer Schüssel mit einer Gabel vermengen. In einer beschichteten Pfanne den Sesam ohne Fett rösten und unter die Thunfischcreme rühren, mit Salz und Pfeffer abschmecken.

▌ Die Mayonnaise mit Wasabipaste, Sojasauce und Zucker verrühren. Die Wasabi-Mayonnaise in eine Spritztüte füllen. Die Hälfte der Toastscheiben mit der Thunfisch-Creme bestreichen, mit den übrigen Brotscheiben abdecken. Mit der Spritztüte ein Gittermuster aus Wasabi-Mayonnaise auftragen und die Sandwiches servieren.

Fast & International

Entenbrust-Sandwich mit Orangenmarmelade und Rucola

Für 4 Personen
Zubereitung: 35 Minuten

Zutaten

4 kleine Entenbrüste
40 g Rucola
8 Scheiben Toastbrot
80 g Frischkäse
50 g Orangenmarmelade
Salz
frisch gemahlener Pfeffer

▎Die Entenbrüste mit der Hautseite nach unten in eine beschichtete Pfanne legen. Die Kochplatte auf mittlere Temperatur stellen und die Entenbrüste 10 Minuten auf der Hautseite braten, anschließend wenden und 3 Minuten weiterbraten. Entenbrüste auskühlen lassen.

▎Rucola waschen und trocken schleudern. Die Entenbrüste in dünne Tranchen schneiden. Die Brotscheiben rösten. Eine Hälfte zuerst mit Frischkäse, dann mit Orangenmarmelade bestreichen. Die Entenbrusttranchen darauf verteilen und mit Rucolablättchen bestreuen. Die restlichen Toastscheiben darauflegen und das Sandwich servieren.

Fast & International

Garnelenspieße mit Zuckerschoten und Limettendip

Klassik unter neuen Segeln

Für 4 Personen
Zubereitung: 20 Minuten

Zutaten

20 Zuckerschoten
20 gegarte Garnelen
150 g Crème fraîche
Saft und abgeriebene Schale
von 1 unbehandelten Limette
Salz
frisch gemahlener Pfeffer

Die Zuckerschoten waschen, putzen, dann in kochendem Salzwasser 2 Minuten blanchieren. Abgießen und kalt abschrecken. Je eine Garnele zusammen mit einer Zuckerschote auf einen Holzspieß stecken. Crème fraîche mit Limettensaft verrühren und mit Salz und Pfeffer abschmecken. Die Spieße in Gläsern oder Bechern anrichten, den Dip separat reichen.

Fast & International

Thunfischrosen mit Wasabi-Mayonnaise

Feine Häppchen – schön anzusehen und absolut köstlich

Für 4 Personen
Zubereitung: 20 Minuten
Kühlzeit: 90 Minuten

Zutaten

250 g Thunfischfilet (Sushiqualität)
1 TL Wasabipaste
100 g Mayonnaise
Saft von ½ Limette
1 Gurke
1 EL Sesam
1 EL Forellenkaviar
Salz
Chiliflocken

- Den Thunfisch 90 Minuten tiefkühlen. Wasabipaste und Mayonnaise verrühren, mit Limettensaft, Salz und Chiliflocken würzen. Die Wasabi-Mayonnaise kalt stellen.

- Den Thunfisch aus dem Gefrierfach nehmen und mit der Aufschnittmaschine in dünne Scheiben schneiden. Die Gurke waschen, halbieren und der Länge nach in feine Streifen schneiden. Auf jeden Gurkenstreifen zwei Scheiben Thunfisch legen und aufrollen. Mit einem Zahnstocher feststecken. Zum Servieren die Thunfischrosen auf eine Platte setzen, mit Sesam und Forellenkaviar garnieren. Die Wasabi-Mayonnaise in einem Schälchen anrichten.

Fast & International

Gebackene Tintenfischringe

Lust auf was Knuspriges? Limettencreme und Kokos geben hier den Kick.

Für 4 Personen
Zubereitung: 35 Minuten

Zutaten

500 g Tintenfischringe
125 ml helles Bier
125 g Mehl
1 Eigelb
2 Eiweiß
500 ml Rapsöl
Mehl zum Wenden
100 g Mayonnaise
50 g saure Sahne
Saft und abgeriebene Schale
von 1 unbehandelten Limette
30 g geriebene Kokosnuss
1 Limette, in Spalten geschnitten
Salz
frisch gemahlener Pfeffer

- Tintenfischringe salzen. Bier, Mehl und Eigelb verrühren. Eiweiß mit einer Prise Salz steif schlagen und unter den Bierteig heben. In einem hohen Topf oder in der Fritteuse das Rapsöl erhitzen.

- Die Tintenfischringe in Mehl wenden und in den Bierteig tauchen. Die Ringe portionsweise in Rapsöl schwimmend goldgelb ausbacken. Herausheben und auf Küchenpapier abtropfen lassen.

- Mayonnaise mit saurer Sahne sowie dem Saft und der abgeriebenen Limettenschale glatt rühren. Kokosraspel untermischen. Die Creme mit Salz und Pfeffer würzen und zu den knusprigen Tintenfischringen servieren. Dazu Limettenspalten reichen.

Fast & International

Fish & Chips mit Paprikamayonnaise

Very british – ein Klassiker mit großer Fangemeinde

Für 4 Personen
Zubereitung: 35 Minuten

Zutaten

300 g große Kartoffeln
3 EL Olivenöl
4 Zweige Thymian
1 TL Paprikapulver
3 EL Rapsöl
150 g Mayonnaise
1 Prise Zucker
500 g Seelachsfilet
Mehl zum Wenden
Salz
frisch gemahlener Pfeffer

- Den Backofengrill vorheizen. Kartoffeln schälen, vierteln und mit Olivenöl und abgezupften Thymianblättchen mischen. Auf einem mit Backpapier ausgelegten Blech verteilen und 20–30 Minuten im Ofen grillen, dabei mehrmals wenden, mit Salz und Pfeffer würzen.

- Das Paprikapulver in 1 EL Rapsöl anschwitzen, bis es duftet. Auskühlen lassen und unter die Mayonnaise rühren, mit Zucker, Salz und Pfeffer abschmecken.

- Fischfilet in Streifen schneiden, in Mehl wenden und in dem restlichen Rapsöl knusprig braten.

- Fisch und Chips sofort mit der Paprikamayonnaise servieren.

Fast & International

Oktopus-Tempura

Fangfrisch angerichtet auf japanische Art

Für 4 Personen
Zubereitung: 75 Minuten

Zutaten

400 g Oktopus, küchenfertig vorbereitet
50 ml Weißwein
1 Lorbeerblatt
2 Pimentkörner
125 g Kartoffelstärke
1 EL Kurkuma
500 ml Erdnussöl
2 Limetten
Salz
frisch gemahlener Pfeffer

Oktopus in einen Topf legen und mit Wasser bedecken. Weißwein, Lorbeerblatt, Piment und etwas Salz zufügen. Oktopus 45 Minuten kochen, aus dem Sud herausnehmen und auskühlen lassen. Mit den Händen die dunkle Haut abstreifen. Das Fleisch in Stücke schneiden.

Kartoffelstärke und Kurkuma mischen, im Mixer mit 100 ml Wasser und 5 Eiswürfeln glatt rühren.

In einem hohen Topf oder in der Fritteuse das Erdnussöl erhitzen. Die Oktopusstücke in den Tempurateig tauchen, dann 2 Minuten frittieren. Limetten in Spalten schneiden. Oktopustempura mit Limettenspalten servieren.

Fast & International

Spanische Sushi

Eine Allianz zwischen Ost und West mit Serranoschinken, Spargel und Mango

Für 4 Personen
Zubereitung: 60 Minuten

Zutaten

500 ml Hühnerbrühe
150 g Milchreis
250 g grüner Spargel
1 Mango
16 Scheiben Serranoschinken
80 g Mayonnaise
Salbeiblättchen zum Bestreuen
Salz
frisch gemahlener Pfeffer

▌ Die Brühe mit dem Milchreis langsam zum Kochen bringen, bei mäßiger Temperatur 25 Minuten unter ständigem Rühren garen, bis der Reis die Flüssigkeit aufgenommen hat. Von der Kochstelle nehmen und noch 5 Minuten ziehen lassen. Reis mit Salz und Pfeffer abschmecken.

▌ Von den Spargelstangen die harten Enden abschneiden, das untere Drittel schälen. Die Stangen in kochendem Salzwasser bissfest garen, danach kalt abschrecken. Die Mango schälen und das Fruchtfleisch vom Stein schneiden. Das Fruchtfleisch in 1 cm dicke Stäbchen schneiden.

▌ Zwei Stücke Frischhaltefolie (30 x 20 cm) abschneiden und ein Stück auf einer Sushimatte auslegen. Die Folie mit jeweils vier Scheiben Schinken belegen, dabei die Ränder 1 cm überlappen lassen. Die Hälfte des Reises darauf verteilen und oben einen 1 cm breiten Rand frei lassen. In die Mitte einen Streifen Mayonnaise spritzen. Zwei Stangen Spargel und zwei bis drei Stücke Mango auf die Mayonnaise legen. Mit Salz und Pfeffer würzen. Die Sushimatte einschlagen und eine lange Rolle formen. Mit den restlichen Zutaten ebenso verfahren.

▌ Die Folie entfernen und die Rollen in Stücke schneiden, mit Salbeiblättchen bestreuen. Die Sushi mit Stäbchen servieren.

Tipp: Ein Dip aus süßer Chilisauce passt gut zu den spanischen Sushi. In einem Schälchen servieren, sodass sich jeder bedienen kann.

Fast & International

Gegrillte Spare-Ribs mit Maiskolben

Zarter Kern unter knuspriger Kruste mit einer sonnigen Beilage

Für 4 Personen
Zubereitung: 50 Minuten
Ruhezeit: 3 Stunden

Zutaten

- 14 g Paprikapulver, edelsüß
- 30 g Salz
- 9 g Knoblauchpulver
- 6 g Cayennepfeffer
- 12 g Zwiebelpulver
- 5 g weißer Pfeffer
- 5 g schwarzer Pfeffer
- 12 g getrockneter Thymian
- 100 ml Rapsöl
- 1,5 kg Spare Ribs
- 4 Maiskolben

- Alle Gewürze und den Thymian in einer großen Schüssel mischen. Das Rapsöl zufügen und glatt rühren. Die Spare Ribs in Stücke von jeweils zwei bis drei Rippchen schneiden, in das Gewüzöl legen und mindestens 3 Stunden marinieren.

- Den Grill vorheizen. Spare Ribs von jeder Seite 20 Minuten grillen. Die Maiskolben 10 Minuten mitgrillen.

- Maiskolben in 3 cm große Stücke schneiden und zusammen mit den Spare Ribs servieren.

Fast & International

Gefüllte Gurken mit Melonen-Sesam-Salsa und Nori-Algen

Für 4 Personen
Zubereitung: 20 Minuten

Zutaten

300 g Gurke
250 g Wassermelone
2 EL Sake
1 TL Sesamöl
3 EL Reisessig
1 TL schwarzer Sesam
1 Blatt Nori-Algen
1 Schale japanische Kresse
Salz
Cayennepfeffer

- Die Gurke waschen und in 5 cm große Stücke schneiden. Mit einem Kugelausstecher jeweils zwei Drittel des weichen Inneren aus den Gurkenzylindern entfernen.

- Wassermelone in kleine Würfel schneiden, in Sake, Sesamöl und Reisessig marinieren. Sesamsaat unterziehen. Die Melonen-Salsa mit Salz und Cayennepfeffer würzen und mit einem Teelöffel in die Gurkenzylinder füllen.

- Die Nori-Algen in 2 cm lange, sehr feine Streifen schneiden. Gefüllte Gurken kurz vor dem Servieren mit den Nori-Algen bestreuen.

Gefüllte Champignons mit Serranoschinken

Für 4 Personen
Zubereitung: 20 Minuten

Zutaten

20 mittelgroße Champignons
5 Schalotten
4 EL Olivenöl
200 g Serranoschinken
4 EL gehackte Petersilie
Salz
frisch gemahlener Pfeffer

- Aus den Champignons die Stiele herausdrehen und fein hacken.

- Schalotten schälen und in feine Würfel schneiden. Schalotten und gehackte Pilzstiele in 2 EL Olivenöl 3 Minuten anschwitzen. Serranoschinken in Würfel schneiden, unter die Pilzmasse heben und 2 Minuten mitbraten. Die Petersilie unterrühren, mit Salz und Pfeffer abschmecken und aus der Pfanne nehmen.

- Die Champignonköpfe in 2 EL Olivenöl 3 Minuten braten, mit der Pilzmischung füllen und warm servieren.

Fast & International

Serviettenknödel mit Radieschen und Wurst

Für 4 Personen
Zubereitung: 50 Minuten
Ruhezeit: 30 Minuten

Zutaten

200 ml Milch
40 g Butter
200 g altbackene Brötchen, gewürfelt
2 Eier
½ Bund Petersilie
1 EL Olivenöl
1 EL Butter
200 g Fleisch- oder Jagdwurst
50 g Radieschen
5 Zweige Thymian
Salz
frisch gemahlener Pfeffer
Muskat

▌ Die Milch mit der Butter erhitzen, bis die Butter geschmolzen ist. Mit Salz, Pfeffer und Muskat würzen. Die Brötchenwürfel in eine Schüssel geben und mit der heißen Milch übergießen, 30 Minuten ziehen lassen. Die Eier unter die Semmelmasse rühren. Petersilie waschen, trocken tupfen, hacken und unter die Semmelmasse heben, falls nötig nachwürzen.

▌ Ein Stück Alufolie (30 x 40 cm) mit Olivenöl einfetten, die Masse im unteren Drittel verteilen, zu einer Rolle formen und in die Folie wickeln. Die Enden zudrehen. Die Rolle für 30 Minuten in köchelndes Wasser legen. Aus dem Topf nehmen und auskühlen lassen. Die Enden mit einem scharfen Messer abschneiden, Knödel auspacken und in 1 cm dicke Scheiben schneiden. In der Butter goldbraun braten.

▌ Die Fleischwurst halbieren und in Scheiben schneiden, die Radieschen waschen und in Stifte schneiden. Die Knödelscheiben mit Wurst und Radieschen belegen und mit Thymian garnieren.

Mediterraner Brotsalat mit Rucola, Kapern und Oliven

Für 4 Personen
Zubereitung: 30 Minuten

Zutaten

250 g Ciabatta
3 rote Zwiebeln
200 g Kirschtomaten
100 g Rucola
50 g Parmesan
80 g Oliven | 40 g Kapern
4 EL Weißweinessig | 12 EL Olivenöl
Salz | Pfeffer

▌ Ciabatta in 2 cm große Würfel schneiden und in einer Schüssel mit 50 ml Wasser übergießen.

▌ Zwiebeln schälen und in Streifen schneiden. Kirschtomaten waschen und halbieren. Rucola waschen und trocken schleudern. Parmesan hobeln.

▌ Das Brot aus der Schüssel nehmen und mit den Oliven, Kapern und den übrigen Zutaten vermengen. Essig und Olivenöl zu einer Vinaigrette verrühren und mit Salz und Pfeffer würzen.

▌ Den Salat mit der Vinaigrette übergießen und servieren.

Fast & Small

Snacks – der kleine Imbiss aus der eigenen Küche

Jeder mag sie, jeder braucht sie – kleine Gerichte, die sich problemlos transportieren lassen. Ins Büro, auf Reisen, für den Tagesausflug oder für die Party bei Freunden. Wenn der kleine Hunger kommt, sind Spinatroulade oder Parmaschinken-Crêpes, Lachstatar im Glas und Fetaspieße die perfekten Begleiter. Die meisten dieser Snacks sind kalt oder warm zu genießen und mit vereinten Kräften können die Kleinen sogar für ein Flying Buffet die Verantwortung übernehmen.

Fast & Small

Strammer Max mit Wachtelei

Fast Food deluxe auf knusprigen Crostini

Für 4 Personen
Zubereitung: 20–25 Minuten

Zutaten

10–12 Stangen grüner Spargel
4 Scheiben Kochschinken
8 Scheiben Baguette
20 g Butter
4 EL Olivenöl
8 Wachteleier
4 EL Mayonnaise
½ Bund Basilikum
2 EL Schnittlauchröllchen
Zucker
Salz
frisch gemahlener Pfeffer

- Den Spargel schälen, die harten Enden abschneiden. Wasser mit Zucker und Salz kräftig würzen, zum Kochen bringen. Den Spargel 6–8 Minuten garen, herausheben, in Eiswasser abschrecken. Spargel auf Küchenpapier abtropfen lassen, längs halbieren und in 6 cm lange Stücke schneiden. Den Kochschinken halbieren, zwei bis drei Spargelstücke in jeweils eine halbe Scheibe Schinken einrollen. Baguettescheiben in Butter und 2 EL Olivenöl von jeder Seite 2 Minuten goldbraun braten.

- Das restliche Olivenöl in einer Pfanne erhitzen. Die Schale der Wachteleier mit einer Messerspitze aufritzen, die Eier behutsam in die Pfanne gleiten lassen und 3 Minuten zu kleinen Spiegeleiern braten. Mit Salz und Pfeffer würzen.

- Auf jede geröstete Brotscheibe etwas Mayonnaise streichen, mit Basilikumblättern belegen. Die Schinken-Spargel-Röllchen daraufsetzen, obenauf ein Wachtelspiegelei anrichten. Mit Schnittlauch bestreuen und servieren.

Fast & Small

Filoteigkörbchen mit Zitronencreme und Räucherlachs

Für 4 Personen
Zubereitung: 40 Minuten

Zutaten

24 Blätter Filoteig (12 x 12 cm)
4 EL flüssige Butter
150 g Räucherlachs in Scheiben
2 Zitronen
125 g Crème fraîche
4 Stängel Schnittlauch
Salz
frisch gemahlener Pfeffer

▌ Den Backofen auf 180 °C vorheizen. Die Teigblätter mit Butter einstreichen. Jeweils drei Blätter leicht versetzt aufeinanderlegen und in ein Muffinförmchen drücken. Die Körbchen in 6–8 Minuten goldbraun backen, dann vorsichtig aus der Form lösen und auskühlen lassen.

▌ Den Räucherlachs in Streifen schneiden. Die Zitronen mit einem scharfen Messer schälen, dabei auch die weiße Haut abschneiden. Die Filets herauslösen, den austretenden Saft dabei auffangen. Crème fraîche mit Salz, Pfeffer und Zitronensaft abschmecken. Die Schnittlauchstängel in 4 cm lange Stücke schneiden. In jedes Körbchen 1 EL Zitronencreme geben, mit Lachsstreifen belegen, mit Zitronenfilets und Schnittlauch garnieren und sofort servieren.

Fetaspieße mit Zitronenöl

Für 4 Personen
Zubereitung: 20 Minuten

Zutaten

250 g Feta
1 EL Koriandersamen
Saft und abgeriebene Schale
von 1 unbehandelten Zitrone
3 EL Olivenöl

▌ Den Feta in Würfel mit 2 cm Kantenlänge schneiden. Koriandersamen und Zitronenabrieb im Mörser fein zerstoßen, mit dem Olivenöl verrühren. Die Fetawürfel mit der Olivenölmischung übergießen und 2 Stunden marinieren.

▌ Fetawürfel auf Holzspieße stecken und servieren.

Fast & Small

Nudelnester mit Garnelen

Liebevoll kombiniert und in der Muffinform gebacken

Für 4 Personen
Zubereitung: 35 Minuten

Zutaten

100 g weiße Bandnudeln
100 g grüne Bandnudeln
100 g rote Bandnudeln
3 EL Olivenöl
40 g Parmesan, gerieben
30 g getrocknete Tomaten
50 g Garnelen (gekocht und geschält)
4 kleine Tomaten
2 Stängel Basilikum
Salz
frisch gemahlener Pfeffer

- Die Nudeln in kochendem Salzwasser bissfest garen, dann kalt abschrecken.

- Die abgetropften Nudeln mit Olivenöl und Parmesan mischen. Die getrockneten Tomaten hacken und mit den Garnelen unter die Nudeln mengen. Mit Salz und frisch gemahlenem Pfeffer abschmecken.

- Den Backofen auf 180 °C vorheizen. Die Nudeln nestförmig in die Mulden eines Muffinblechs drücken. Tomaten waschen, in 5 mm dicke Scheiben schneiden und je eine Scheibe auf jedes Nudelnest legen. Die Nudelnester 10 Minuten auf mittlerer Schiene backen. Basilikum waschen, trocken tupfen und die Blätter abzupfen. Die Nudelnester vor dem Servieren mit Basilikum bestreuen.

Spinatroulade mit Lachs und Frischkäse

Für 4 Personen
Zubereitung: 50 Minuten

Zutaten

300 g tiefgekühlter Spinat
3 Eier
150 g Frischkäse
300 g Räucherlachs in Scheiben
Salz
frisch gemahlener Pfeffer
Muskat
japanische Kresse zum Bestreuen

- Den Backofen auf 180 °C vorheizen. Spinat auftauen und gut ausdrücken. Zusammen mit den Eiern im Mixer pürieren, mit Salz, Pfeffer und Muskat abschmecken. Die Spinatmasse dünn auf ein mit Backpapier bedecktes Blech streichen und 8 Minuten backen. Aus dem Ofen nehmen und auskühlen lassen. Den Frischkäse glatt rühren und dünn auf die Spinatmatte streichen.

- Den Räucherlachs darauf verteilen und das Ganze aufrollen. Bis zum Servieren in Frischhaltefolie wickeln.

- Die Spinatroulade mit einem scharfen Messer in 3 cm dicke Stücke schneiden. Zum Servieren mit japanischer Kresse bestreuen.

Gemüsechips

Für 4 Personen
Zubereitung: 120 Minuten

Zutaten

1 Süßkartoffel
1 Rote Bete
1 Pastinake
Salz

- Den Backofen auf 140 °C vorheizen. Das Gemüse schälen und mit dem Hobel in 2 mm dicke Scheiben schneiden. Die Scheiben auf einem mit Backpapier bedeckten Blech verteilen und bei 140 °C etwa 90 Minuten backen. Die Gemüsechips während der Backzeit zweimal wenden. Mit Salz bestreut servieren.

Fast & Small

Gefüllte Crêpebeutel mit Waldpilzen

Edler Inhalt, schön verpackt – einfach zum Anbeißen

Für 4 Personen
Zubereitung: 40 Minuten
Ruhezeit: 30 Minuten

Zutaten

250 ml Milch
60 g Mehl
6 Eier
2 EL Olivenöl
2 EL Rapsöl
250 g gemischte Pilze (Steinpilze, Shitake, Pfifferlinge)
10 g Butter
1 TL Paprikapulver, edelsüß
½ Bund Schnittlauch
Salz
frisch gemahlener Pfeffer

- Milch, Mehl, Eier und Olivenöl zu einem glatten Teig verrühren. 30 Minuten ruhen lassen.

- Eine beschichtete Pfanne mit Rapsöl einstreichen, aus dem Teig acht dünne Crêpes backen und auskühlen lassen.

- Die Pilze putzen und in grobe Stücke schneiden. In Butter 4 Minuten scharf anbraten, mit Paprikapulver bestreuen, salzen und pfeffern. Aus der Pfanne nehmen und auskühlen lassen. Acht Stängel Schnittlauch zur Seite legen, den Rest fein schneiden. Pilze und Schnittlauch mischen. Die Pilzfüllung auf die Crêpes verteilen und den Rand wie einen Beutel zusammendrehen, mit einem Schnittlauchstängel zubinden.

- Die Crêpes können kalt und warm serviert werden; zum Erwärmen die Crêpes für 3 Minuten in den vorgeheizten Ofen stellen.

Tipp: Besonders schön sehen die Crêpe-Säckchen aus, wenn man den Rand glatt schneidet.

Fast & Small

Parmaschinken-Crêpe

Frisch und schnell gewickelte Köstlichkeiten

Für 4 Personen
Zubereitung: 30 Minuten
Ruhezeit: 30 Minuten

Zutaten

250 ml Milch
60 g Mehl
6 Eier
2 EL Olivenöl
2 EL Rapsöl
80 g Rucola
16 Scheiben Parmaschinken

- Milch, Mehl, Eier und Olivenöl zu einem glatten Teig verrühren. 30 Minuten ruhen lassen.

- Eine beschichtete Pfanne mit Rapsöl ausstreichen, aus dem Teig acht dünne Crêpes backen und auskühlen lassen. Rucola waschen und trocken schleudern.

- Jede Crêpe mit zwei Scheiben Parmaschinken und etwas Rucola belegen und aufrollen.

- Zum Servieren die Rolle schräg halbieren, das untere Ende mit Pergamentpapier umwickeln.

Crêpetorte mit Lachs und Frischkäse

Schneller Genuss vom Feinsten – macht Lust auf mehr (Meer)!

Für 4 Personen
Zubereitung: 45 Minuten
Ruhezeit: 30 Minuten
Kühlzeit: 2 Stunden

Zutaten

250 ml Milch
60 g Mehl
6 Eier
2 EL Olivenöl
2 EL Rapsöl
600 g Räucherlachs
400 g Frischkäse
2 cm Meerrettichwurzel, frisch gerieben
Saft von 1 Limette
80 g Lachskaviar
Salz
Frisch gemahlener Pfeffer

- Milch, Mehl, Eier und Olivenöl zu einem glatten Teig verrühren. 30 Minuten ruhen lassen.

- Ein beschichtete Pfanne mit Rapsöl ausstreichen, den Teig darin portionsweise dünn ausbacken und die Crêpes auskühlen lassen.

- Räucherlachs und Frischkäse in der Küchenmaschine zu einer glatten Masse verarbeiten. Meerrettich und Limettensaft zufügen und noch einmal durchmixen.

- Die erste Crêpe mit der Lachscreme bestreichen, mit einer zweiten Crêpe bedecken und so alle Crêpes und die gesamte Creme zu einer Torte aufschichten. Die Torte 2 Stunden kühl stellen.

- Mit einem Elektromesser Quadrate von 3 cm Seitenlänge schneiden, mit Lachskaviar garnieren und servieren.

Tipp: Dekorieren Sie die Würfel mit frischen Kräutern oder kleinen Streifen von Spargel oder Gurke. Auch Apfel- oder Birnenschnitze eignen sich gut.

Fast & Small

Frischkäsepralinen

Für 4 Personen
Zubereitung: 20 Minuten

Zutaten

500 g Frischkäse
2 cl weißer Portwein
20 g Semmelbrösel
150 g gehackte Pistazien
Salz
frisch gemahlener Pfeffer

▌ Den Frischkäse mit Portwein verrühren und mit Salz und Pfeffer würzen. Die Semmelbrösel untermengen.

▌ Aus der Masse 12 Kugeln zu je 40 g formen und in den gehackten Pistazien wälzen. Die Frischkäsepralinen bis zum Servieren kühl stellen und mit Holzspießchen servieren.

Fast & Small

Leberpralinen mit Nusskrokant

Für 4 Personen
Zubereitung: 20 Minuten

Zutaten

450 g feine Leberwurst
2 cl roter Portwein
40 g Semmelbrösel
150 g Haselnusskrokant
Salz
frisch gemahlener Pfeffer

Die Leberwurst mit dem Portwein vermengen und mit Salz und Pfeffer würzen. Semmelbrösel untermischen. Aus der Masse Kugeln zu je 40 g formen und in Haselnusskrokant wälzen. Die Pralinen für 2 Stunden kalt stellen. Zum Servieren mit kleinen Apfelspalten auf Holzspießchen stecken.

Fast & Small

Knusprige Garnelen im Kartoffelmantel

Meeresfrüchte, gut gekleidet, dazu ein fruchtiger Mangodip

Für 4 Personen
Zubereitung: 35 Minuten

Zutaten

1 reife Mango
1 EL süße Chilisauce
150 g Crème fraîche
1 Frühlingszwiebel
12 Garnelen (geschält, mit Kopf und Schwanzflosse)
Saft von 1 Limette
2 große Kartoffeln
500 ml Rapsöl
Salz
frisch gemahlener Pfeffer

▎ Die Mango schälen, das Fruchtfleisch vom Stein herunterschneiden und fein würfeln. Die Hälfte des Fruchtfleischs mit Chilisauce und Crème fraîche pürieren. Frühlingszwiebel waschen, in feine Ringe schneiden und zusammen mit den restlichen Mangowürfeln untermischen.

▎ Garnelen der Länge nach auf Holzspieße stecken, mit Limettensaft beträufeln und salzen.

▎ Kartoffeln schälen, mit einem Spiralschneider in lange, feine Streifen schneiden. Die Garnelen mit den Kartoffelfäden umwickeln. Das Öl in einem hohen Topf oder in der Fritteuse erhitzen.

▎ Die Garnelen im heißen Fett 4 Minuten knusprig ausbacken. Vor dem Servieren auf Küchenpapier abtropfen lassen und mit frisch gemahlenem Pfeffer würzen.

Lachstatar im Glas mit Parmesanchips

Knackige Gurkenwürfel und roher Lachs – Schicht für Schicht ein Genuss

Für 4 Personen
Zubereitung: 35 Minuten
Ruhezeit: 20 Minuten

Zutaten

300 g Lachsfilet (Sushiqualität)
4 EL Olivenöl
Saft von ½ Zitrone
2 EL Schnittlauchröllchen
200 g Gurke
3 EL Zitronenöl
100 g Parmesan
8 Schnittlauchstängel
Salz
frisch gemahlener Pfeffer

- Das Lachsfilet in kleine Würfel schneiden und in Olivenöl und Zitronensaft 20 Minuten marinieren.

- Anschließend den Schnittlauch behutsam untermengen. Das Lachstatar mit Salz und Pfeffer abschmecken.

- Die Gurke schälen, vierteln, die Samen herauskratzen. Die Gurke in kleine Würfel schneiden und mit dem Zitronenöl vermengen.

- Den Backofen auf 160 °C vorheizen. Parmesan reiben, auf ein mit Backpapier bedecktes Blech acht kleine Kreise ausstreuen. Für 5 Minuten auf mittlerer Schiene in den Backofen schieben. Die Parmesanchips nach dem Auskühlen vorsichtig vom Backpapier lösen.

- Gurken, Lachstatar und Parmesanchips in Gläser schichten und mit Schnittlauch garnieren.

Surf & Turf Royal

Für 4 Personen
Zubereitung: 35 Minuten

Zutaten

400 g Rinderfilet
12 Riesengarnelen (küchenfertig, ohne Schale, ohne Darm)
2 EL Honig
1 EL Chiliflocken
3 EL Rapsöl
Salz

- Das Rinderfilet in zwölf Würfel von 3 cm Kantenlänge schneiden. Rinderfilet und Riesengarnelen in einer Schüssel mit Honig und Chiliflocken marinieren.

- Garnelen und Fleisch in Rapsöl braten. Jeweils eine Garnele und einen Filetwürfel auf Holzspieße stecken. Vor dem Servieren mit Salz würzen.

Erdnussdip

Für 4 Personen
Zubereitung: 15 Minuten

Zutaten

150 g Erdnussbutter
Saft von 1 Limette
2 cm frische Ingwerwurzel
2 EL Sojasauce
1 EL Honig

- Erdnussbutter mit Limettensaft glatt rühren. Ingwer schälen und fein reiben. Geriebenen Ingwer, Sojasauce und Honig mit der Erdnussbutter verrühren.

Tipp: Der Dip passt wunderbar zu Geflügel, Fleisch oder Meeresfrüchten.

Fast & Small

Hirschschnitzel in Nusskruste mit Traubenragout

Zartes Fleisch in knuspriger Hülle trifft fruchtige Begleitung

Für 4 Personen
Zubereitung: 35 Minuten

Zutaten

500 g rote Trauben, kernlos
3 EL Olivenöl
2 EL Pinienkerne, geröstet
3 Scheiben Toastbrot, gewürfelt
60 g Haselnusskerne
500 g Hirschrücken
2 Eier
Mehl zum Wenden
3 EL Rapsöl
20 g Butter
10 Zitronenspalten
Salz
frisch gemahlener Pfeffer
Oreganoblättchen zum Bestreuen

- Trauben waschen, halbieren und mit dem Olivenöl vermengen. Pinienkerne zufügen, mit Salz und Pfeffer würzen. Brot und Nüsse in der Küchenmaschine fein zerkleinern.

- Den Hirschrücken in dünne Scheiben schneiden, zwischen zwei Stücken Frischhaltefolie plattieren. Mit Salz und Pfeffer würzen. Die Eier verquirlen. Die Schnitzel zuerst in Mehl wenden, dann durch das verquirlte Ei ziehen. Mit den Nussbröseln panieren. Die Schnitzel in Rapsöl und Butter goldbraun braten. Mit Traubenragout und Zitronenspalten anrichten, mit Oregano bestreuen.

Fast & Small

Pochierte Eier im Glas auf Tomaten-Speck-Ragout

Ein herzhafter Muntermacher – auf dem Brunchbüfett garantiert der Renner

Für 4 Personen
Zubereitung: 45 Minuten

Zutaten

150 g Kirschtomaten
1 Zwiebel
50 g Speck, gewürfelt
3 EL Olivenöl
10 g Tomatenmark
50 g geriebener Parmesan
2 Zweige Thymian
4 Eier
Salz
frisch gemahlener Pfeffer

- Die Kirschtomaten waschen und halbieren. Die Zwiebel schälen und fein würfeln.

- Den Speck bei mittlerer Temperatur in 1 EL Olivenöl 3 Minuten anbraten, die Zwiebeln mit dem Tomatenmark zufügen und weitere 3 Minuten braten. Die Kirschtomaten untermengen, alles aus der Pfanne nehmen. Vier feuerfeste Gläser mit Olivenöl einpinseln. Die Tomatenmasse mit geriebenem Parmesan und den abgezupften Thymianblättern auf die Gläser verteilen. Die Eier aufschlagen und vorsichtig in die Gläser gleiten lassen. Mit Salz und Pfeffer würzen. Die Gläser in einen Topf stellen und so viel Wasser angießen, dass sie zu drei Vierteln im Wasser stehen.

- Die Eier 10–12 Minuten im Wasserbad garen. Alternativ können die Eier auch 12 Minuten im 170 °C heißen Ofen gebacken werden.

Gegrillter grüner Spargel mit Schinkenchips und Zitronenbutter

Für 4 Personen
Zubereitung: 20 Minuten
Ruhezeit: 30 Minuten

Zutaten

1 kg grüner Spargel
4 EL Olivenöl
Saft und abgeriebene Schale von
1 unbehandelten Zitrone
1 TL Zucker
40 g Butter
200 g Serranoschinken
Salz
frisch gemahlener Pfeffer

▌ Die holzigen Enden der Spargelstangen abschneiden. Den Spargel im unteren Drittel schälen. Olivenöl, Saft und Schale der Zitrone mit dem Zucker verrühren und den Spargel darin 30 Minuten marinieren.

▌ Den Grill vorheizen. Den Spargel in einer feuerfesten Schale auf den Grill legen und mit geschlossenem Grilldeckel 15 Minuten bei mittlerer Temperatur garen. 5 Minuten vor Ende der Garzeit die Butter zufügen, mit Salz und frisch gemahlenem Pfeffer würzen. Den Serranoschinken von jeder Seite 1 Minute grillen. Den Spargel mit den knusprigen Schinkenstücken belegen und mit dem Garfond überziehen.

Würzige Nüsse

Für 4 Personen
Zubereitung: 30 Minuten

Zutaten

250 g Erdnüsse
1 Eiweiß
1 EL brauner Zucker
1 TL Cayennepfeffer
1 TL Salz

▌ Den Backofen auf 180 °C vorheizen. Die Erdnüsse auf einem mit Backpapier bedeckten Blech verteilen. 15 Minuten auf mittlerer Schiene rösten, gelegentlich die Nüsse wenden. Eiweiß 1 Minute schlagen, mit Zucker, Cayennepfeffer und Salz mischen. Die Erdnüsse aus dem Ofen nehmen und in der Eiweißmischung wenden.

▌ Erneut in den Ofen scheiben und weitere 15 Minuten backen. Vor dem Servieren abkühlen lassen.

Fast & Sweet

Frische Fitmacher und schokoladiges Vergnügen

Der runde Abschluss ist immer ein passendes Dessert. Wie wäre es mit saftigen Brownies oder einem knusprigen, dünnen Apfelkuchen? Alles im Handumdrehen fertig und wirklich verführerisch. Aber im klassischen Fast-Food-Repertoire dürfen auch Smoothies nicht fehlen, genauso wenig wie kleine Pancakes. Und sogar an Eis haben wir hier gedacht: Ein Granité macht sich fast von allein und schmeckt herrlich erfrischend.

Fast & Sweet

1-2-3-Apfel-Tartes

Für 4 Personen
Zubereitung: 35 Minuten
Backzeit: 15 Minuten

Zutaten

250 g tiefgekühlter Blätterteig
Mehl zum Arbeiten
8 EL Apfelmus
4 Äpfel (vorzugsweise Boskop)
Saft von ½ Zitrone
3 EL Apfelgelee

- Den Backofen auf 220 °C vorheizen. Blätterteig auf einer bemehlten Arbeitsfläche etwas ausrollen. Blätterteig in acht Rechtecke (14 x 7 cm) schneiden und in der Mitte mehrmals mit einer Gabel einstechen. Jedes Teigstück mit 1 EL Apfelmus bestreichen, am Rand 5 mm frei lassen.

- Die Äpfel waschen, vierteln, vom Kerngehäuse befreien und in dünne Scheiben schneiden. Die Apfelscheiben mit dem Zitronensaft beträufeln. Apfelscheiben auf die Teigstücke verteilen und 15 Minuten im Ofen backen.

- Das Gelee in einem kleinen Topf erwärmen und die fertigen Tartes damit bestreichen. Tartes warm oder kalt servieren.

Käsekuchen

Für 4 Personen
Zubereitung: 15 Minuten
Backzeit: 60 Minuten

Zutaten

1 kg Quark
125 g Butter
300 g Zucker
3 Eier
1 Paket Vanillepuddingpulver
2 EL Grieß
1 Päckchen Backpulver
Grieß zum Ausstreuen der Form

- Den Backofen auf 180 °C vorheizen. Quark, Butter, Zucker, Eier, Puddingpulver, Grieß und Backpulver mit dem Handrührgerät 3 Minuten glatt rühren.

- Eine Kuchenform (27 cm ø) mit Butter fetten und mit Grieß ausstreuen. Die Käsemasse einfüllen und den Kuchen 60 Minuten auf mittlerer Schiene backen.

Fast & Sweet

Gefüllter Bratapfel mit Milchreis

Für 4 Personen
Zubereitung: 45 Minuten
Backzeit: 15 Minuten

Zutaten

1 Vanilleschote
500 ml Milch (1,5 % Fett)
125 g Milchreis
1 Sternanis
½ TL Zimt
60 g Zucker
4 rote Äpfel

- Die Vanilleschote der Länge nach aufschneiden, das Mark auskratzen und mit der Milch verrühren. Reis, Sternanis, Zimt und Zucker unterrühren und bei milder Temperatur 35 Minuten köcheln lassen, bis ein sämiger Milchreis entstanden ist.

- Den Backofen auf 160 °C vorheizen. Von den Äpfeln einen Deckel abschneiden und das Innere aushöhlen.

- Die Äpfel mit dem Milchreis füllen, die Deckel wieder aufsetzen. Die Äpfel für 15 Minuten in den heißen Ofen schieben. Warm servieren.

Butter-Apfel mit Zimtzucker

Für 4 Personen
Zubereitung: 30 Minuten

Zutaten

4 Äpfel
1 kg Butter
100 g Zucker
1 TL Zimt

- Äpfel schälen und Kerngehäuse entfernen. Butter in einem Topf schmelzen, aufkochen und Schaum abschöpfen. Äpfel in die Butter legen und bei schwacher Temperatur 25 Minuten garen, anschließend auf Küchenpapier gut abtropfen lassen. Zucker und Zimt mischen und die Äpfel vor dem Servieren darin wenden.

Fast & Sweet

Walnusskuchen

Für 4 Personen
Zubereitung: 20 Minuten
Backzeit: 45 Minuten

Zutaten

300 g Zucker
300 g Butter
8 Eigelb
400 g Walnüsse, ganz fein gehackt
4 EL Honig
12 Eiweiß
Salz
Butter zum Einfetten der Backform
Grieß zum Ausstreuen der Backform
Puderzucker und Kakao zum Bestreuen

- Den Backofen auf 200 °C vorheizen. Zucker, Butter und Eigelb mit dem Handrührgerät auf höchster Stufe 5 Minuten schaumig schlagen. Die gehackten Walnüsse und den Honig unterrühren. Das Eiweiß mit einer Prise Salz steif schlagen und unter den Teig heben.

- Eine Kuchenform (30 x 12 cm) einfetten und mit Grieß ausstreuen. Den Teig in die Form füllen, auf mittlerer Schiene in den heißen Ofen schieben. Nach 10 Minuten die Temperatur auf 190 °C senken und den Kuchen weitere 35 Minuten backen. Mit Puderzucker und Kakao bestäuben und warm servieren.

Haferflockenkekse

Für 4 Personen
Zubereitung: 20 Minuten
Backzeit: 10 Minuten

Zutaten

250 g Butter
500 g Haferflocken
175 g Zucker
3 EL Mehl
3 Eier

- Den Backofen auf 190 °C vorheizen. Die Butter schmelzen. In einer Schüssel mit Haferflocken, Zucker, Mehl und Eiern verrühren.

- Mit einem Teelöffel kleine Häufchen auf ein mit Backpapier ausgelegtes Blech setzen, bis die gesamte Masse verbraucht ist. Die Kekse 10 Minuten auf mittlerer Schiene backen.

Fast & Sweet

Schokoladentarte

Für 4 Personen
Zubereitung: 25 Minuten
Backzeit: 35 Minuten

Zutaten

200 g Zartbitterschokolade
130 g Butter
4 Eier
120 g Zucker
30 g Mehl
Butter für die Form
Puderzucker zum Bestauben

- Die Schokolade grob hacken und zusammen mit der Butter auf einem Wasserbad schmelzen.

- Die Eier trennen. Eigelb, 60 g Zucker und Mehl unter die Schokolade rühren und die Masse vom Wasserbad nehmen.

- Eiweiß steif schlagen, dabei nach und nach den restlichen Zucker zugeben. Den Eischnee unter die Schokoladenmasse heben.

- Den Backofen auf 160 °C vorheizen. Eine gefettete Tarteform (27 cm Ø) mit Backpapier auslegen und den Teig einfüllen. Auf mittlerer Schiene 35 Minuten backen.

- Die Tarte mit Puderzucker bestreut servieren.

Brownies

Für 4 Personen
Zubereitung: 20 Minuten
Backzeit: 30 Minuten

Zutaten

250 g Margarine
60 g Kakao
4 Eier
100 g Zucker
1 Päckchen Vanillezucker
60 g Mehl
60 g gemahlene Haselnüsse
30 g Rosinen

- Den Backofen auf 175 °C vorheizen. Margarine, Kakao, Eier, Zucker, Vanillezucker, Mehl und Haselnüsse mit dem Handrührgerät zu einem glatten Teig verarbeiten. Rosinen untermengen.

- Ein Backblech mit Backpapier auslegen und die Masse darauf verteilen. Die Brownies 30 Minuten auf mittlerer Schiene backen.

- Aus dem Ofen nehmen, auskühlen lassen und mit einem Messer in Würfel von 3 cm Kantenlänge schneiden. Zum Kaffee servieren.

Fast & Sweet

Pancakes mit Ahornsirup und Mango

Für 4 Personen
Zubereitung: 35 Minuten

Zutaten

3 Eier
150 g Mehl
250 ml Milch
3 El Rapsöl
1 EL Butter
1 Mango
½ Granatapfel
50 ml Ahornsirup
2 Stängel Minze
Salz

Die Eier trennen. Eiweiß mit einer Prise Salz steif schlagen. Eigelb, Mehl und Milch zu einem glatten Teig verrühren. Den Eischnee unterheben. In einer beschichteten Pfanne das Rapsöl erhitzen und darin Pancakes von 10 cm Durchmesser backen. Nach dem Anbraten etwas Butter zufügen. Die Pancakes auf Küchenpapier kurz abtropfen lassen.

Die Mango schälen und das Fruchtfleisch in Würfel schneiden. Die Granatapfelkerne auslösen. Pancakes mit Mangowürfeln, Granatapfelkernen und Ahornsirup servieren. Mit Minzeblättchen dekorieren.

Schokoladen-Wan-Tans

Für 4 Personen
Zubereitung: 40 Minuten

Zutaten

150 ml Milch
30 g Zucker
2 Eigelb (M)
abgeriebene Schale von
1 unbehandelten Orange
abgeriebene Schale von
1 unbehandelten Zitrone
20 g Puddingpulver
80 g Zartbitterschokolade
2 cl Kaluha (Kaffee-Likör)
20 Wan-Tan-Blätter
Mehl zum Arbeiten
1 Ei zum Bestreichen
500 ml Erdnussöl
Puderzucker zum Bestreuen

Milch, Zucker und Eigelb in einem Topf verquirlen. Orangen- und Zitronenschale sowie das Puddingpulver zufügen und bei mittlerer Temperatur alles 10 Minuten köcheln lassen.

Die Schokolade hacken und in der heißen Creme auflösen. Likör zufügen und glatt rühren. Die Creme in eine Schüssel gießen und auskühlen lassen.

Die Wan-Tan-Blätter auf einer bemehlten Arbeitsfläche auslegen und mit jeweils 1 EL Schokoladencreme füllen. Das Ei mit ein paar Tropfen Wasser verquirlen. Die Ränder der Teigblätter damit bestreichen. Die Teigblätter diagonal zusammenklappen, sodass Dreiecke entstehen.

In einem hohen Topf oder in der Fritteuse das Erdnussöl erhitzen. Die Wan-Tan-Taschen darin 1 Minute frittieren. Heiß mit Puderzucker bestreut servieren.

Fast & Sweet

Mangosmoothie

Für 4 Personen
Zubereitung: 20 Minuten

Zutaten

1 reife Mango
500 g Joghurt
50 g Zucker
Saft von 1 Zitrone

▌ Die Mango schälen und das Fruchtfleisch vom Stein schneiden. Zusammen mit dem Joghurt im Mixer pürieren. Den Smoothie mit Zucker und Zitronensaft abschmecken.

▌ Am besten eiskalt mit einigen Blättchen Minze oder Zitronenmelisse servieren.

Fast & Sweet

Blaubeer-Smoothie mit Ingwer und Minze

Für 4 Personen
Zubereitung: 10 Minuten

Zutaten

400 g Blaubeeren
5 mm Ingwerwurzel
200 g Joghurt (1,5 % Fett)
200 ml Vollmilch

▮ Blaubeeren waschen, Ingwer schälen und fein reiben. Blaubeeren, Ingwer, Joghurt und Milch mit dem Stabmixer pürieren. Die Minze waschen. Den Smoothie auf Gläser verteilen.

Fast & Sweet

Apfel-Sellerie-Smoothie

Für 4 Personen
Zubereitung: 10 Minuten

Zutaten

4 Stangen Staudensellerie
1 grüner Apfel (vorzugsweise Granny Smith)
150 g Gurke
200 ml Apfelsaft naturtrüb
Saft von 1 Zitrone
Salz
frisch gemahlener Pfeffer
Selleriegrün und Apfelschnitze für die Dekoration

Staudensellerie schälen und in Stücke schneiden. Die Äpfel waschen, vom Kerngehäuse befreien und klein schneiden. Gurke schälen, in Scheiben schneiden. Die Zutaten mit dem Apfelsaft pürieren, Zitronensaft zufügen und mit Salz und Pfeffer abschmecken. Mit Selleriegrün und Apfelschnitzen servieren.

Erdbeer-Bananen-Shake

Für 4 Personen
Zubereitung: 10 Minuten

Zutaten

300 g Erdbeeren
250 g Bananen
250 ml Prosecco
2 EL Zucker
3 EL zerstoßenes Eis

Erdbeeren waschen, den Stielansatz entfernen. Bananen schälen. Die Früchte zusammen mit dem Prosecco, Zucker und Eis im Mixer pürieren. Eiskalt servieren.

Limetten-Ingwer-Wasser

Für 4 Personen
Zubereitung: 20 Minuten
Kühlzeit: 3 Stunden

Zutaten

100 g Ingwer
150 g Gurke
50 g Zucker
750 ml Mineralwasser
Saft von 2 Limetten

Den Ingwer schälen und in Scheiben schneiden. Die Gurke schälen und fein pürieren. Das Püree durch ein Sieb gießen. Das Gurkenwasser mit Zucker und Mineralwasser mischen. Die Ingwerscheiben und Limettensaft zufügen und für 3 Stunden kalt stellen. Das Limetten-Ingwer-Wasser auf Eis servieren.

Mango-Lassi

Für 4 Personen
Zubereitung: 15 Minuten

Zutaten

400 g Mangofruchtfleisch
250 g Joghurt
2 EL Zucker
Saft von 1 Limette

Mangofleisch, Joghurt und Zucker mit dem Stabmixer fein pürieren. Mit Limettensaft abschmecken. Eiskalt servieren.

Fast & Sweet

Granité von Blutorangen

Fruchtig, erfrischend und im Handumdrehen gezaubert

Für 4 Personen
Zubereitung: 10 Minuten
Kühlzeit: 6 Stunden

Zutaten

1 l frisch gepresster Blutorangensaft
100 g Zucker

Saft und Zucker verrühren, in einer Form 1 cm hoch ausgießen. Die Form für 6 Stunden in den Tiefkühler stellen. Den gefrorenen Saft in eine große Schüssel stürzen und mit einer großen Gabel mit schnellen Bewegungen zerkleinern. Das Granité auf Portionsschalen verteilen. Sofort servieren.

Fast & Small

Hausgemachter Kratzbecher Kirsch-Banane

Eine frische Fruchtbombe, die sich gut auf Vorrat herstellen lässt.

Für 4 Personen
Zubereitung: 10 Minuten
Kühlzeit: 8 Stunden

Zutaten

200 g Zucker
3 Bananen
Saft von ½ Limette
100 g Fruchtmark Kirsche

Den Zucker mit 400 ml Wasser aufkochen, vom Herd nehmen und für 1 Stunde in den Kühlschrank stellen. Bananen schälen, in Stücke schneiden, mit dem Limettensaft beträufeln und pürieren. Den Zuckersirup aus dem Kühlschrank nehmen und die Hälfte mit dem Bananenpüree kräftig mixen. Den restlichen Sirup mit dem Kirschfruchtmark vermengen. Das Bananenpüree auf vier Plastikbecher verteilen und für 4 Stunden tiefkühlen. Anschließend das Kirschpüree daraufgießen und erneut für 4 Stunden einfrieren.

Register

0–9
1-2-3-Apfel-Tartes 138

A
Apfel-Tartes 138
Appenzellerbrötchen mit Birne, Bohne, Speck 36
Asia-Salat mit Granatapfel 24

B
Blaubeer-Smoothie mit Ingwer und Minze 149
Bratapfel, gefüllt, mit Milchreis 141
Bratwurstgratin mit Apfelkraut 26
Bratwurstsalat im Brot 24
Brownies 144
Burger
   Chicken-Burger mit Cornflakes 17
   Inside-Out-Burger 14
   Mini-Burger mit Gemüseremoulade 18
Butter-Apfel mit Zimtzucker 141
Brotsalat, mediterran, mit Rucola, Kapern und Oliven 104

C
Calzone 31
Champignons
   Bratwurstsalat im Brot 24
   Gefüllte Champignons mit Serranoschinken 102
   Mini-Calzone 30
   Omelett mit Feigen und Bergkäse 60
Chicken-Burger mit Cornflakes 17
Chicken-Drumsticks mit Honig-Soja-Marinade und Pistazien 28
Chickenwings mit Cheesecream 28
China-Dressing 50
Crêpes & Pfannkuchen
   Crêpetorte mit Lachs und Frischkäse 121
   Gefüllte Crêpebeutel mit Waldpilzen 116
   Pancakes mit Ahornsirup und Mango 146
   Parmaschinken-Crêpe 118

E
Eier
   Frittiertes Landei auf Gemüsespaghetti 63
   Omelett mit Feigen und Bergkäse 60
   Pochierte Eier im Glas auf Tomaten-Speck-Ragout 132
   Spinat-Muffin mit Toast und Ei 60
   Strammer Max mit Wachtelei 108
Eis
   Granité von Blutorangen 154
   Hausgemachter Kratzbecher Kirsch-Banane 156
Entenbrust-Sandwich mit Orangenmarmelade und Rucola 87
Erdbeer-Bananen-Shake 150

F
Farfalle mit süßen Karotten 78
Fetaspieße mit Zitronenöl 110
Filoteigkörbchen mit Zitronencreme und Räucherlachs 110
Fisch
   Fish & Chips mit Paprikamayonnaise 94
   Fischstäbchen-Hot-Dog 40
   Gebackene Tintenfischringe 92
   Lachstatar im Glas mit Parmesanchips 127
   Matjesbrötchen mit Apfel-Curry-Creme 42
   Oktopus-Tempura 96
   Saltimbocca vom Lachs 44
   Thunfischrosen mit Wasabi-Mayonnaise 91
   Thunfischtoast mit Wasabi-Mayonnaise 86
Flammkuchen »Himmel und Erde« 32
Frischkäsepralinen 122
Frischkäse-Rotwein-Birnen 66
Frühlingsrollen mit Hähnchen und Algensalat 83

G
Garnelen
   Garnelenspieße mit Zuckerschoten und Limettendip 88
   Knusprige Garnelen im Kartoffelmantel 124
   Nudelnester mit Garnelen 112
   Surf & Turf Royal 128
Gemüsechips 115
Gurken, gefüllt, mit Melonen-Sesam-Salsa und Nori-Algen 102
Granité von Blutorangen 154
Graubrot mit Kartoffel-Schnittlauch-Creme 74
Grießklöße mit Oliven und Thymian 55

H
Haferflockenkekse 142
Hirschschnitzel in Nusskruste mit Traubenragout 130
Hot Dog
   Fischstäbchen-Hot-Dog 40
Huhn
   Chicken-Burger mit Cornflakes 17
   Chicken-Drumsticks mit Honig-Soja-Marinade und Pistazien 28
   Chickenwings mit Cheesecream 28
   Frühlingsrollen mit Hähnchen und Algensalat 83
   Mini-Burger mit Gemüseremoulade 18

I
Inside-Out-Burger 14

K
Kalbfleisch
   Gegrilltes Kalbskotelett mit Kaffeegewürz und Orangensenf 23
   Kalbsinvoltini auf Kartoffel-Sellerie-Creme 23
Karotten
   Farfalle mit süßen Karotten 78
   Frittiertes Landei auf Gemüsespaghetti 63
Kartoffeln
   Bunter Kartoffelsalat 36
   Graubrot mit Kartoffel-Schnittlauch-Creme 74
   Knusprige Garnelen im Kartoffelmantel 124
   Mohngnocchi 56
   Potato-Wedges 58
   Scharfe Pommes 70
Käse
   Appenzellerbrötchen mit Birne, Bohne, Speck 36
   Bratwurstsalat im Brot 24
   Chickenwings mit Cheesecream 28

Register

Crêpetorte mit Lachs und Frischkäse 121
Croque Madame 39
Fetaspieße mit Zitronenöl 110
Frischkäse-Rotwein-Birnen 66
Gebratene Mango mit Vanillesirup und Frischkäse 66
Omelett mit Feigen und Bergkäse 56
Quesadillas mit Linsen und Tomatenrelish 83
Spinatroulade mit Lachs und Frischkäse 115
Käsekuchen 138
Köfte mit Auberginencreme 80
Kuchen
  Brownies 144
  1-2-3-Apfel-Tartes 138
  Käsekuchen 138
  Schokoladentarte 144
  Walnusskuchen 142
Kratzbecher Kirsch-Banane 156

L
Lachstatar im Glas mit Parmesanchips 127
Lammfleisch
  Köfte mit Auberginencreme 80
  Lammkebap mit Tahini-Dip 84
Landei, frittiert, auf Gemüsespaghetti 63
Leberpralinen mit Nusskrokant 123
Limetten-Ingwer-Wasser 153

M
Mango, gebraten, mit Vanillesirup und Frischkäse 64
Matjesbrötchen mit Apfel-Curry-Creme 42
Mini-Calzone 30
Mohngnocchi 56

N
Nudeln
  Farfalle mit süßen Karotten 78
  Käse-Tortellini-Auflauf 53
  Nudelnester mit Garnelen 112
Nüsse, würzig 134

O
Oktopus-Tempura 96
Omelett mit Feigen und Bergkäse 60

P
Pancakes mit Ahornsirup und Mango 146
Parmaschinken-Crêpe 118
Parmesan-Tacos mit Schinken und Melone 78
Petersilien-Cappuccino 34
Pizza & Co
  Flammkuchen »Himmel und Erde« 32
  Mini-Calzone 30
  Pizzetti mit Kirschtomaten und Mozzarella 68
  Pizzetti mit Oliven und Manchego 69
  Ratatouille-Torteletts 48
Pochierte Eier im Glas auf Tomaten-Speck-Ragout 132
Pommes, scharfe 70
Potato-Wedges 58
Putenspieße mit Schokoladen-Mojo 26

Q
Quesadillas mit Linsen und Tomatenrelish 83

R
Reis
  Tomatenrisotto mit Büffelmozzarella 53
Rindfleisch
  Inside-Out-Burger 14
  Surf & Turf Royal 128
  Tex-Mex-Burger 20

S
Salate
  Asia-Salat mit Granatapfel 24
  Bratwurstsalat im Brot 24
  Bunter Kartoffelsalat 36
  Mediterraner Brotsalat mit Rucola, Kapern und Oliven 104
  Wassermelonen-Rettich-Salat 50
Saltimbocca vom Lachs 44
Sandwiches & Co
  Croque Madame 39
  Entenbrust-Sandwich mit Orangenmarmelade und Rucola 87
  Graubrot mit Kartoffel-Schnittlauch-Creme 74
  Thunfischtoast mit Wasabi-Mayonnaise 86
Sauce Rouille 40
Schokolade
  Schokoladen-Wan-Tans 146
  Schokoladentarte 144
Schweinefleisch
  Asia-Salat mit Granatapfel 24
  Gegrillte Spare-Ribs mit Maiskolben 101
  Serviettenknödel mit Radieschen und Wurst 104
Smoothies
  Apfel-Sellerie-Smoothie 150
  Blaubeer-Smoothie mit Ingwer und Minze 149
  Mangosmoothie 148
Spanische Sushi 98
Spargel, grüner, gegrillt, mit Schinkenchips und Zitronenbutter 134
Spare-Ribs, gegrillt, mit Maiskolben 101
Strammer Max mit Wachtelei 108
Suppen
  Erbsensuppe mit Süßkartoffeln und Entenbratwürstchen, in der Brotschüssel serviert 35
  Petersilien-Cappuccino 34
Surf & Turf Royal 128

T
Tacos
  Parmesan-Tacos mit Schinken und Melone 78
Tex-Mex-Burger 20
Tintenfischringe, gebacken 92

W
Wassermelonen-Rettich-Salat 50
Würzige Nüsse 134

Z
Zitronengras-Satay 64

Einfach & anders

160 Seiten
ca. 120 Abb.
19,0 x 28,5 cm
Klappenbroschur

ISBN 978-3-86244-262-1

ISBN 978-3-86244-319-2

ISBN 978-3-86244-480-9

ISBN 978-3-86244-223-2

ISBN 978-3-86244-008-5

ISBN 978-3-86244-212-6

ISBN 978-3-86244-131-0

ISBN 978-3-86244-214-0

ISBN 978-3-86244-231-7

ISBN 978-3-86244-209-6

ISBN 978-3-86244-224-9

ISBN 978-3-86244-145-7

Alle Titel der Reihe erhältlich in Ihrer Buchhandlung oder unter www.christian-verlag.de